健さんと文太

映画プロデューサーの仕事論

日下部五朗

光文社新書

まえがき

私が東映に入ったのは、興行成績が一位で、目の前に大きな壁として立ちはだかっていた東宝、松竹を抜いて業界のトップに躍り出たころである。私はもともと画家になりたかった口だが、大学三年のときに「埋れた青春」（一九五四年）という映画を見て感動し、「進むべき道はこれしかない！」と思い定めた。その映画について友達の誰彼となく熱く語ったものである。

就職難の時代に幸運なことに身の置き場が見つかったわけだが、念願の芸術部に配属になって、下働き（進行係という）を四年、いつ辞めようかと思う日々が続いた。セットを壊してはつくり、つくっては壊す……その繰り返しである。月に六本、やがて八本体制になって、あまりの忙しさに下宿に帰ることもできず、疲れて現場で寝込むこともしばしばだった。

セットを変えるときに、壁紙も貼り替える。土壁模様の壁紙とか、シチュエーションに合わせてセットの板に貼り付けるわけだが、早く乾かすためにガンガンの熱を当てる。ガンガンとはブリキの四角いバケツのところどころに穴を空けたもので、中に炭火を熾《おこ》して、それを棒の先にぶら下げて、壁紙に当てるのである。そんなことを徹夜でしていると、情けなさにいたたまれなくなってくる。

われわれが腹を空かせて「めし押し」を耐えているあいだに、スターさんは二〇分、三〇分と空き時間があるので、専用椅子にふんぞり反って分厚いカツサンドを頬張っている（これは市川右太衛門[*1]さんのケースだが）。「めし押し」はその名のとおり、食事もせずに撮影を進めることである。

東映はスターで持たせてきた会社である。新興の会社としては、手っ取り早い方法としてそれしかなかった、ということができる。市川右太衛門、片岡千恵蔵[*2]、嵐寛寿郎[*3]、大友柳太朗[*4]、大河内傳次郎[*5]、中村錦之助（萬屋錦之介[*6]）、大川橋蔵[*7]、東千代之介[*8]、美空ひばり[*9]といったスターが綺羅星のごとく東映映画のスクリーンを飾った。

そのなかに高倉健もいたし、菅原文太もいた。

時代劇への弔鐘が鳴って、もっとリアルなものとして任侠映画が求められた。九年もするとそれも飽きられ、もっとリアルな実録ものへと東映はなだれ込んでいく。しかし、強い刺激は飽きられるのも早く、あの「仁義なき戦い」（一九七三年）シリーズでさえ三年強続いたにすぎない。任侠映画の三分の一の寿命である。

そこに健さんと文ちゃんのピークが重なっている。そして、かつて時代劇のスターが銀幕を去ったように（嵐寛寿郎さん、片岡千恵蔵さんのようにしぶとく生きのびた人もいる）、

＊1　いちかわうたえもん（1907〜1999年）「鳴門秘帖」「旗本退屈男」「大名」各シリーズなどに出演。
＊2　かたおかちえぞう（1903〜1983年）「赤西蠣太」「多羅尾伴内」「血槍富士」などに出演。
＊3　あらしかんじゅうろう（1902〜1980年）「鞍馬天狗」「右門捕物帖」「明治天皇と日露大戦争」などに出演。
＊4　おおともりゅうたろう（1912〜1985年）「怪傑黒頭巾」「丹下左膳」「右門捕物帖」の各シリーズなどに出演。
＊5　おおこうちでんじろう（1898〜1962年）「血煙高田の馬場」「丹下左膳」「虎の尾を踏む男達」などに出演。
＊6　よろずやきんのすけ（1932〜1997年）「一心太助」「宮本武蔵」五部作、「沓掛時次郎　遊侠一匹」などに出演。
＊7　おおかわはしぞう（1929〜1984年）「若さま侍捕物帖」「新吾十番勝負」「草間の半次郎」などに出演。
＊8　あずまちよのすけ（1926〜2000年）「雪の丞変化」三部作、「新諸国物語」「里見八犬伝」五部作などに出演。
＊9　みそらひばり（1937〜1989年）「べらんめえ芸者」「おしどり駕篭」「ひばり捕物帖」などに出演。

やがて健さん、文ちゃんの時代も終わっていく。

健さんが東映を一九七六年に退いたのは、勇気も要っただろうが、賢明な選択だったかもしれない。以降、それこそ日本の大スターとして自らをつくり上げていった。

文ちゃんは脇役に回ったり、テレビ出演をしたり、最後まで愛される銀幕スターであった(トラック野郎たちが集まって回向《えこう》をしたのが、その証拠である)。


私もまた時代劇、任侠映画、実録ものと手がけ、邦画の凋落が明らかになったあとに、「極道の妻《おんな》たち」「鬼龍院花子の生涯」「楢山節考」などで東映の延命に力を注いだ。

この本では健さん、文ちゃんのことを語りながら、やはり私の商売であるプロデューサーという仕事についても語っていこうと思っている。

映画は誰がつくっているのか?

それはプロデューサーである。

そのことを知っていただきたくて、この本を記した。

目次

第三章 一スジ、二ヌケ、三ドウサ——私の愛した脚本家、監督、俳優

第一章　健さんの時代

1 「忠臣蔵で行け！」

＊忠臣蔵復活

映画評論家の佐藤忠男氏は、ＧＨＱの検閲に最後までひっかかったのが「忠臣蔵」だったと書いている。あのストーリーは体制への集団的反逆と読み替えることが可能で、当時の為政者である自分たち（ＧＨＱのこと）に日本人の反感が向かうきっかけになってはいけないと心配したのだという。

実は東映がスターさん中心の時代劇から任侠映画に舵をきるときに、一つのかけ声になったのは、「忠臣蔵で行こう」というものだった。集団劇で頭（スター）が一人という構造は東映に合っていた。

京都撮影所から東京撮影所へ移された岡田茂、のちの東映社長は時代劇では客を呼べなくなり、次の手を模索していた。何度も映画化され、安定的な客が期待できる「人生劇場」に目をつけたが、それだけではマンネリで、客の入りも知れている。そこで、これが岡田の名プロデューサーたるゆえんだが、「人生劇場」の「青春篇」ではなく「残侠篇」に目をつけて、脇の人物である飛車角の挿話を中心に任侠の劇に仕立てたのである。

この小説の主人公は青成瓢吉《あおなりひょうきち》、青雲の志をもって早稲田大学に進むが、彼を支えるのが吉良常《きらつね》という三州吉良の任侠である。女たちとの交情も絡んで、見せ場の多い話で、映画人なら食指が動かないわけがない。のちに五木寛之『青春の門』もさまざまに映画化されているが（私もやっている）、この小説は「人生劇場」を下敷きにしているといわれている。青年が無鉄砲に、だけど真摯に人生を模索していく姿に、日本人の心を震わせる何かがあるのだろう。

東映の「人生劇場　飛車角」（一九六三年）が登場するまでに日活（内田吐夢[*1]、千葉泰樹[*2]監督）、東映（佐分利信[*3]監督）、東宝（杉江敏男[*4]監督）、大映（弓削太郎[*5]監督）という先行作

＊１　うちだとむ（１８９８〜１９７０年）「土」「大菩薩峠」三部作、「宮本武蔵」五部作、「飢餓海峡」などを監督。

＊２　ちばやすき（１９１０〜１９８５年）「へそくり社長」「大番」シリーズ、「鬼火」などを監督。

＊３　さぶりしん（１９０９〜１９８２）「執行猶予」「お茶漬の味」「化石」などに出演。

＊４　すぎえとしお（１９１３〜１９９６年）「その人の名は云えない」「密輸船」「三十六人の乗客」などを監督。

＊５　ゆげたろう（１９２３〜１９７３年）「スーダラ節　わかっちゃいるけどやめられねぇ」「掏摸《すり》」「いそぎんちゃく」などを監督。

品がある。

「人生劇場　飛車角」は沢島忠[6]さんが監督を務めている。本来、ひばりちゃんや錦ちゃん（中村錦之助）に信頼された監督で、任侠映画の人ではない。しかし、かえって彼のテンポのいい、切れ味のいい演出によって、新鮮な映画ができ上がった。

「人生劇場　飛車角」

加藤嘉[7]が親分を演じる、小さな世帯の小金一家。そこに身を寄せている客分が飛車角の鶴田浩二[8]、その妻のおとよが佐久間良子[9]。おとよは女郎で、二人で横浜から深川へ逃げてきたという設定である。二人が、ようやく幸せな暮らしをつかめそうになった矢先、飛車角が追っ手の丈徳組に殴り込んで、懲役五年の刑を食らう。その殴り込みに組から一人志願したのが、舎弟の健さん（宮川）である。

飛車角が刑に服しているあいだに、小金一家が弟分の奈良平（水島道太郎[10]）に裏切られ、乗っ取られる。最後は飛車角がその遺恨を晴らそうとするところで終わる（つまり殺し合いの場面がない）。

任侠映画は、敵の圧迫に耐えに耐えて、最後に爆発する暴力場面がカタルシスとして、それまでのもやもやとしていた気分を一掃させる。この〝耐えて爆発する〟がおそらく日本人の心性にぴったりと合ったのだろうと思う。

先にGHQの検閲のことを書いたが、戦後一八年にして、やっと日本人は「飛車角」の中に情念の行き場を見出したのかもしれない。

それまでの時代劇はスーパースターが主役だから、耐える部分は一切ない。変幻自在、縦横無尽に主人公が活躍し、どんな難事件もたちどころに解決してしまう。それに観客は酔ったわけだが、自分を投影することができない。

時代劇の殺陣《たて》を見ても分かるが、スターが振り回す刃の下に次から次と斬られ役が体を投げ出してくる。背中を斬るときなど、まるでケーキでも斬るような斬り方をしている。でも、そういうウソっぽちで、観客は満足していたのである。

＊6　さわしまただし（1926年〜）「ひばりの森の石松」「一心太助　天下の一大事」「おかしな奴」などを監督。
＊7　かとうよし（1913〜1988年）「真空地帯」「神々の深き欲望」「砂の器」などに出演。
＊8　つるたこうじ（1924〜1987年）「弥太郎笠」「婦系図　湯島の白梅」「次郎長三国志」シリーズなどに出演。
＊9　さくまよしこ（1939年〜）「五番町夕霧楼」「越後つついし親不知」「湖の琴」などに出演。
＊10　みずしまみちたろう（1912〜1999年）「新雪」「丹下左膳」三部作、「上海帰りのリル」などに出演。

マキノ雅広監督（前列中央）傘寿の祝い。監督の左は藤純子、その左が私。マキノの右後ろが脚本家の笠原和夫。

話も、ご都合主義といっては言い過ぎかもしれないが、よく考えると辻褄が合わないことが多々ある。「そんなに都合よくいくのかなあ」と思っても、スターがかかかっと笑って、大音声《だいおんじょう》で見得を切れば、それですべてすんでしまうのである。

かえって名監督マキノ雅広[*11]は、話にはそういったわざとらしさ、いわゆる〝あや〟が必要で、それが入っていないと納得しなかった。

たとえば、マキノが監督した「江戸の悪太郎」（一九五九年）という映画でいえば、本筋の話以外に、信州の大店《おおだな》の娘が親の決めた結婚が嫌で江戸に出奔し、そこで少年の姿をして隠れている。それを捜し出さんと爺やや使用人がやってくるという筋を絡ませる。わざわざ話をややこしくしておいて、それを的確にさばいていくところにマキノ映画の妙味があって、やはりそれに慣れると麻薬のように癖になる。

＊沢島演出の妙

少し詳しく「飛車角」における沢島演出の冴えを見ていこう。

まずは、左利きの奈良平に、まるでダダをこねるように長ドスを振り回させたのにはギョッとする。時代劇の型を踏んだ殺陣に真っ向から挑戦しているようなやり方である。

さらに、二つの場面転換が鮮やかである。

まずムショを出て、おとよの背信を吉良常から聞いた鶴田に、汽笛の甲高い音と勢いよく蒸気を上げる映像が重なる。彼の煮えたぎるような内面の声を、それは的確に代弁している。そのあとすぐに、鶴田は車上の人となる。吉良常と一緒に三州吉良に向かうという設定で、簡にして要を得た心憎い転換である。

加えてもう一つは、三州吉良の料理屋でのこと。二階の開け放たれた窓から一階の飛車角

＊11　まきのまさひろ（1908～1993年）「浪人街」シリーズ、「次郎長三国志」シリーズ、「鴛鴦歌合戦」などを監督。いくつも改名を続けるが、本書は最後の名で統一。

の卓にドスが投げられる。吉良常と対立する組の連中のしわざである。それを引き抜いて一直線に二階の部屋へ投げ返すと、奥の壁にかかっている「任俠」と書かれた掛け軸に突き刺さる。

そこで、場面転換である。ザーッと大量の白い、まるでヤッパ（刀）のようなサンマがぶちまけられる。浜で飛車角が漁の手伝いをしているという設定である。ドスと魚の映像がつながって話が転換するという、いってみればイメージでつなげる映画の常套手段を鮮やかに使っている。

沢島忠監督はひばり、錦之助のような気難しい役者に愛された人で、のちにはひばりの舞台演出も手がけるような付き合いをしている。

沢島とひばりのコンビでは、「ひばり捕物帖　かんざし小判」（一九五八年）が私の好きな作品である。美空ひばりはお姫様に、岡っ引きに、歌舞伎役者にと、忙しく三役をこなしている。その岡っ引き姿がよく似合うのである。われわれもひばりが三役を演じるのを無理筋と思わず、あでやかで、派手な話だなあ、と思って見ていたのである。

ひばりさんとのことで思い出すのは、なんの映画を撮っていたあいだか忘れたが、祇園の馴染みのお茶屋さんに連れて行かれ、そこで彼女と野球拳をすることになった。負けた方が一枚一枚脱いでいくわけだが、もちろんお姫様であるひばりさんはイヤリングなどのアクセサリーを外すだけ。こっちはパンツ一丁にされて、ひばりちゃんがからからと面白そうに笑うこと……。

ちなみに、スターさんの映画の脚本は、もちろんスターさんに合わせてストーリーを組み立てる。いわゆる〝あて書き〟といわれるもので、いかにスターが映えるか、どんなシーンと台詞なら格好いいか、それを中心に書いていくのである。

＊任侠映画は女々しく論理的

岡田茂が、もう時代劇はやらない、と宣言したのはたしかである。映画は任侠路線で行き、時代劇はテレビに活路を見出して行く、という決定である。

任侠路線を選んだ際に、「忠臣蔵」で行くか、「七人の侍」で行くか、という選択肢があった。どちらも集団劇だが、前者は忍耐劇であり、後者は英雄劇である。「忠臣蔵」は大石内蔵助を中心とした活劇であり、「七人の侍」はチームのメンバーそれぞれの個性が際立つ英雄譚、西部劇といっていい。東映は「忠臣蔵」路線を選択した。

黒澤（明）[＊12]作品の基調はまさにその〝ヒーロー性〟にあるといえるのではないだろうか。

「用心棒」(一九六一年)しかり、「椿三十郎」(一九六二年)しかり、「赤ひげ」(一九六五年)しかりである。非常に男性性の強い、骨太の映画ばかりである。逆にいえば、そのマッチョ性が受け入れられなくなると、黒澤さんでさえ迷走することになる。

それに比べて任侠映画は女々しいといえば、すごく女々しい。最後に暴力の爆発シーンを設定しているが、それまでは義理だ、人情だでうじうじと進行するのが任侠映画なのである。最後にスカッとしてしまうので忘れがちだが、意外と構造は女々しく、しかも論理的なのである。

飛び抜けたヒーローは組員の中にはいなくて、客分の男に託している。これは暴力事件に発展したときに、客分の犯したことだといえば、組に影響しないで警察に言い訳が立つ、という実利的な意味も含んでいるが、せっかく命を賭けたのだから、組の方はお咎めなしですませた方が後味がいい。

任侠映画では、新興やくざは見境なく実力を行使してくる。旧派やくざは、それは筋が違うと、上部組織の親分衆に仲介を頼んだりする。一度は和解しても、また新派はあくどい手をくり出してくる。それでも、いま反撃すると、堅気の衆に迷惑がかかるなどと、旧派は別の理屈を立てて我慢をする。

任侠映画はその理屈と暴力の兼ね合いで進んでいくもので、三島由紀夫が絶賛した[*13]「博奕打ち　総長賭博」（一九六八年）にしても傑作「明治俠客伝　三代目襲名」（一九六五年）にしても、ほぼ似たようなドラマツルギーで進んでいく。この二作は、理屈と暴力の兼ね合いが絶妙なので、映画の緊迫度がほかと違う。

東映がなぜ任侠映画に進んだのかというと、観客層の問題がある。東宝や松竹の映画を見る人と、明らかに東映の映画を見てくれる人は違っている。より庶民性が強い人たちという言い方でお分かりいただけるだろうか。簡単にいえば、やくざ映画を見て、館の外に出たときに肩をいからせているような人たちである。

東映にマキノ雅広の弟でマキノ光雄という稀代のプロデューサーがいた。彼は面白くなければ映画ではない、裏を返せば面白ければ何でもいい、というのがポリシーの映画人だった。彼は、東映映画を見てくれる人を次のように考えていた。市井の労働者で、一日中汗みず

＊12　くろさわあきら（1910〜1998年）「姿三四郎」「素晴らしき日曜日」「天国と地獄」「デルス・ウザーラ」などを監督。

＊13　三島は「何という絶対的肯定の中にギリギリに仕組まれた悲劇」「その悲劇は何とすみずみまで、あたかも古典劇のように、人間的真実に叶っていることだろう」と評した。

くで働いて、家でご飯を食べて、それから近所の映画館に足を運ぶ。昼間の仕事の疲れが溜まっている。そんな人にこむずかしい話や込み入った話は、そっぽを向かれるだけだ。見終わったあとすっきり気分が晴れて、明日も元気に働こう、と思ってくれるようなものでなければならない、と言っていた。

これが東映に流れるマキノイズムで、当然、そのイズムは岡田茂も継いでいるし、私も継いでいる。

東映には山口組三代目田岡一雄を描いた「山口組三代目」（一九七三年、主演、高倉健。田岡さんは健さんをとてもかわいがっていた）もあれば、部落解放同盟初代委員長松本治一郎を描いた「夜明けの旗　松本治一郎伝」（一九七六年、筆者プロデュース）もある。松本治一郎はのちに政治家になった人物である。あと陽の目を見なかった「実録・共産党」（筆者プロデュース）というのまである。

節操がないと言われれば、いかにも、と頷くしかない。しかし、これが東映なのである。

＊東映という楽園

東映という会社には飾らない雰囲気があった。すまして格好をつけるやつがいないのである。撮影所は映画狂いの鉄火場みたいなところだった。

東映に比べて、松竹、東宝は品がよろしい。裏方さんも、時間があるとすぐに花札を始める東映の人間とは雲泥の差がある。

東宝から「昭和残俠伝」（一九六五年）シリーズに出てもらった池部良[*14]さんなど、京都撮影所（京撮）の雰囲気が気に入ったらしく、ポイント、ポイントで出演をお願いすることになった一人である。

マキノ光雄、岡田茂とシャッポが野暮ったいのだから、下も自然とそうなる。マキノさんはすぐに裸になって扇子で振りチンを扇ぐようなことをする。そういう感性の男たちがつくるのだから、どうしても汗臭く、泥臭くなるのは当然である。

任俠映画の主人公は、炭坑で働いていたり、川筋で荷役に従事していたり、板前だったりする。どこかの映画会社のように、丸の内に勤めて、帰りにバーに寄るような人物は一切出てこない。

おそらく見に来ている人たちも、任俠映画の主人公とそう変わらない人たちだったはずだ。

＊14　いけべりょう（1918～2010年）「青い山脈」「現代人」「雪国」などに出演。エッセイストでも有名。

健さんが学生に支持された六〇年代末以降、きっと従来の観客たちも素直に喜んだのではないだろうか。俺たちの健さんのこと、あんたらもようやく分かるようになったか、と。

こういう感性の会社だから、今村昌平[15]さんのどろどろっとした猥雑さは相性がよかったのだろうと思う。彼には知的なところもあるのだが、その両方兼ねているところが、マーティン・スコセッシ[16]などにリスペクトされた理由ではないだろうか。

2 新しい映画が始まった

＊異様なヒューッという吸気音

「人生劇場 飛車角」は、健さんが新境地を開いたということで、注目を浴びた映画でもあった。飛車角の弟分で、飛車角が刑に服しているあいだに、その妻のおとよ（佐久間良子）とそれと知らずに関係してしまう役でもある。この映画を撮ったとき、健さんはすでに三二歳になっていた。

健さんは東映ニューフェイスで、最初からスターとして出発した人だが、客を呼べるような看板スターではなかった。ひばりの相手役を務めたり、時代劇でも脇に回っていた人だ。

その当時の、健さんの出た現代物の映画を見れば分かるが、妙にテンションが高い。しゃれを言ったり、「分かった！」という演技で指をパチンと鳴らしたりする、けなげな健さんを見ることができる。いかにも台詞が板に付いていない感じがする。場違いなところに入り込んだという印象なのである。

それが「飛車角」では短髪、着流しで、鍛えた筋肉が汗で光る、われわれに馴染みの健さんが登場する。あの白目の多い、三白眼で下から睨《ね》めつける感じは、ここに来て生きたわけである。

変なシーンというか、すごいシーンがある。敵の親分水島道太郎に頭を斬りつけられ、下を向く健さん。ヒューーッと長く息を吸い込む音を立てながら血だらけの頭を上げると、また斬りつけられる。彼の三白眼が血糊の中にキッと見開かれている！

私が驚いたのはその「ヒューーッ」という音である。そんな演技はスクリーンで見たことが

＊15　いまむらしょうへい（１９２６～２００６年）「盗まれた欲情」『「エロ事師たちより』人類学入門」「うなぎ」などを監督。
＊16　マーティン・スコセッシ（１９４２年～）「タクシードライバー」「アリスの恋」などを監督。

ない。これはおそらく健さんの独創ではないかと思う。

ほかのスタッフもそうだが、私も、高倉健は変わった、新しい映画が始まった、という印象を抱いた。

しかし、健さんも全面的にここで変身したというわけでもない。病気の佐久間をかいがいしく看病するシーンでは、ちょこまか動いて、うるさく喋り続ける。「惚れているんだ」と頭を抱えたり、壁に拳を打ち付けたり、大仰《おおぎょう》な芝居もしている。

翌年、彼を主演に据えたのが「日本侠客伝」のシリーズである。さらに、その翌年には「網走番外地」シリーズが始まり、やがて「昭和残侠伝」が始まる、といったように、ほぼ東映は健さん一色で塗りつぶされたような状態になる（もちろん鶴田浩二の「博奕打ち」〈第一作・一九六七年〉シリーズ、同時に藤（富司）純子[*17]の「緋牡丹博徒」〈第一作・一九六八年〉シリーズなども走っているが、鶴さんは健さんの脇に回るようになっていった）。

健さんは自らの出自に絡めて、任侠映画を演じるには必然性があった、と言っている。遠賀《おんが》川が響灘《ひびきなだ》に流れ込む川筋の生まれ（福岡県中間《なかま》市）で、健さんをかわいがっていた若松の親分が、健さんの父親がうちで働いていた、と言っていたし、健さんからもそう聞いている。

夏祭りの翌朝には町のどこかに死体が転がっているような、殺伐とした環境だったと健さんは述べている。

川筋者、別名〝ゴンゾウ〟は、炭坑から出る石炭を船へと運ぶ荷役人のことである。荒くれ者であっても、やくざではない。

その川筋者を扱ったものとして「日本侠客伝　花と龍」（一九六九年）、「日本侠客伝　昇り龍」（一九七〇年）がある。あるいは、「日本女侠伝　侠客芸者」（一九六九年）では健さんは九州の小さな炭鉱経営者を演じている。

健さんは任侠映画で時と所を得たということではなかっただろうか。そのチャンスを逃さなかった健さんに敬服する。

＊ストイックに身体を鍛える

健さんは高校でボクシング、大学で相撲をやっていた。同大の先輩に山本麟一[*18]がいて、彼

＊17　ふじじゅんこ（1945〜）「侠骨一代」「関東緋桜一家」「あ・うん」「フラガール」などに出演。
＊18　やまもとりんいち（1927〜1980年）「学生五人男」シリーズ、「警視庁物語」シリーズ、「山口組三代目」などに出演。

が先に東映に入り、それで健さんを誘ったのではないだろうか。山本は「飛車角」で三州吉良の悪いやくざの親分役をやっている。

自らの身体をストイックに鍛えることに関しては、健さんは学生時代から筋金入りだったのである。健さんの筋肉トレーニングは東映に入ったあとも続いていたが、任侠映画に出るまではその鍛え上げた肉体美をスクリーンで見せつけることはなかった。

健さんがドスを両手で握り、下腹部あたりで押さえて、汗に光った肩を前に突き出し構える姿は、本当に迫力があった。健さんはスポーツマンなのだが、どこか不器用な人で、本人も言っているように、新人研修でダンスを習っても、まったく付いていけなかったらしい。

それは、時代劇の立ち回りをやってもそうで、本格的に京都で学んでいないということもあったにせよ、やはりどこかちぐはぐな感じがあった。ちなみに京撮の俳優会館の最上階には道場があって、殺陣師が剣道の指導を行っていた。

それが任侠映画になると、あの刀をぶん回す、荒っぽい所作がかえって堂に入ったのである。人間、何が幸いするか、分からない。

山本麟一は北海道の生まれで、健さんが心を許した数少ない友人の一人ではないだろうか。いかつい顔をしているが、笑うと妙な愛嬌のある役者さんだった。それなので、悪役をやったり、善人をやったり、いろいろである。

＊マイナス条件の映画が成功する？

プロデューサーとして、正直にいえば、映画が当たるか当たらないかは、分からない。四本に一本当てれば、雇われプロデューサーであれば、採算が合い、会社にも面目が立つが、これがフリーのプロデューサーになると、そんな悠長なことは言っていられない。一本映画がコケただけで、次の映画の話がしづらくなる。「アイツ、こないだの映画、あれだけ吹いたのに客が来なかったじゃないか」という厳しい視線が返ってくる。

私は「極道の妻《おんな》たち」の新シリーズのころからフリーになったので、企画のための金集めに関しては、それほど苦労したことがない。それまでの実績があるからで、もしそれがなければ、洟《はな》もひっかけてもらえなかっただろう。

しかし、一億、二億と出資してもらって、興行が振るわないときの居たたまれない気分は、当事者でないと分からないだろう。たとえば、私が大いに期待して成績が振るわなかった映画に「将軍家光の乱心　激突」（一九八九年）がある。これはＴＢＳのバックアップを仰いだものである。

簡単に筋を説明すると、これは〝オタカラ運び〟という客を呼べる話の一つで、命を狙われるお世継ぎを江戸城に連れ込むまでの死闘を描くものだ。この梗概を聞いただけで、見てみたいと思う人も多いのではないだろうか。

工藤栄一[*19]監督の傑作「十三人の刺客」（一九六三年）は三池崇史[*20]でリメイクされたのでご存じの方も多いと思うが、あれもある人物（狂気の藩主）を暗殺するために、その帰藩途中の道中を狙おうとする話である。結局、なかなかチャンスがなく、ある場所でしか実行しえないと分かって、そこにいろいろな仕掛けをして、襲いかかる、というものだった。「十三人」では襲う方が善という設定である。脚本は池上金男、のちの時代小説家池宮彰一郎である。

「激突」は火薬をふんだんに使った派手な爆破シーンがあり、千葉真一[*21]がアクション監督となって、斬新な活劇も考えてくれた。監督は降旗康男[*22]で、主演が緒形拳[*23]である。費用がかかったのは、言うまでもない。

これが蓋を開けたところ、客の入りが悪いのである。なぜなのだろう、といまでも時折考える。

私がこの苦い話を持ち出したのは、映画はプラスの条件を揃えても外れることがあり、時にマイナスの条件から始まってヒットになるものもあると言いたいためである。

どういうことかと言うと、任侠映画への画期となった「飛車角」だが、東宝から東映に移ってきた鶴田浩二にヒット作が出ていなかった。それに東映の看板女優の佐久間良子もこれといった映画がなく、低迷していた。監督の沢島忠もスターの映画が終わって、先行きが見えない状況だった。健さんにしても、事情は同じである。

そういういわば逆境にいる四人の人物が揃って、起死回生の作品を作り出した。それが「飛車角」なのである。もちろん製作者である岡田も同じような危機感を強く抱いていたことだろう。となると五つのマイナスである。それだけのマイナス要素を、関係者みんなでプラスに変えた稀有な映画ということになる。

次に、健さんの「網走番外地」シリーズ第一作（一九六五年）。これはカラーのはずがモノクロに切り替えられ、会社としては期待の映画ではなかった。男だらけの、それも懲役囚

＊19　くどうえいいち（1929～2000年）「大殺陣」「影の軍団　服部半蔵」「逃れの街」などを監督。
＊20　みいけたかし（1960年～）「ゼブラーマン」「クローズZERO」「愛と誠」などを監督。
＊21　ちばしんいち（1939年～）「やくざ刑事」シリーズ、「激突！　殺人拳」「戦国自衛隊」などに出演。
＊22　ふるはたやすお（1934年～）「駅　STATION」「居酒屋兆治」「夜叉」「鉄道員」などを監督。
＊23　おがたけん（1937～2008年）「復讐するは我にあり」「鬼畜」「おろしや国酔夢譚」などに出演。

の脱獄の話である。色気、派手さに欠ける、という判断だった。

それを何くそと思ったのが石井輝男[*24]監督であり、高倉健だった。雪のシーンばかりなので、白黒の強弱をつけた画面を狙ったという。ほかにも細かい演出をたくさんしていて、たとえば鬼寅の異名をもつ嵐寛寿郎がガラスの破片をナイフ代わりに同房の囚人を脅かすシーンがある。そのガラスの破片に、脅される相手が映り込んでいる、といった手の込んだことをやっている。

あるいは、右側に白い縦長の窓があり、残りは真っ暗な画面。何だろうと思っていると、白い窓の向こう側に待田京介[*25]の顔が現れる。風呂場の脱衣所の壁に穴を開けて、こちらからカメラで覗いている、という撮り方なのである。

モダンなことをするなあ、と感心する。

戸外はドキュメンタリータッチの映像で、引きの絵で、絵と音声をわざとズラしているので、妙な臨場感がある。映像を含めて、荒くれ男たちの物語にふさわしい演出が施されている。

健さんも現場の熱気を粋に感じたのだろう、スタントなしで暴走するトロッコに乗っかっている。

この映画は思わぬヒットとなり、六五年に三作が立て続けに封切られ、興行成績のベストテンに顔を出す常連となった。

そして、我が文太である。実録路線が走る最中にヒットを飛ばしたのが「トラック野郎」(一九七五年)シリーズである。

これも会社とすれば穴埋めの企画扱いで、低予算に極めて短い撮影時間と、厳しい扱いの映画だった。

ところが、蓋を開けてみると思わぬ大人気で、「緋牡丹博徒」シリーズに続いて、鈴木則文監督[*26]の企画が勝った映画であった(この事情については、あとで触れる)。それに、文ちゃんの役者生命が延びたことは間違いない。

考えてみれば、私がネタを掴んできた「仁義なき戦い」(一九七三年)の企画にしても、東映の苦境の中から生み出されたものと言っていい。様式美で通してきた任侠映画に観客が飽きて、次に求めていたものが、それだったのである。

＊24 いしいてるお(1924〜2005年)「顔役」「徳川女系図」「ねじ式」などを監督。
＊25 まちだきょうすけ(1936年〜)「日本脱出」「陸軍中野学校」「ザ・ヤクザ」などに出演。
＊26 すずきのりぶみ(1933〜2014年)「温泉みみず芸者」「聖獣学園」「吼えろ鉄拳」などを監督。

こんなふうに、いつも崖っ縁にいる気持ちでやれば、ヒットを出し続けることができるのかもしれないが、われわれは悲しいかな、目の前に危機が及んでこないと、本気のスイッチが入らない。あさはかだが、その繰り返しなのである。

＊健さんの意外なベストワン

高倉健の映画で好きなものを挙げろといわれれば、私は躊躇なく深作欣二[*27]の「ジャコ萬と鉄」を挙げる。そもそもこの映画は、私が深作に注目した最初の映画である。もとは東宝作品で、黒澤明、谷口千吉共同脚本、監督は谷口が担当した。谷口は黒澤のお師匠さんである。その映画では鉄を三船敏郎[*28]、ジャコ萬を月形龍之介[*29]が演じている。

私が推すのは深作リメイク版（一九六四年）で、同じ脚本で深作がメガホンをとったわけである。健さんの訃報が流れて、彼の映画ベストテンのようなものがあちこちで散見されたが、必ずといっていいくらいこの作品が挙げられていて、我が意を強くしたものである。

私は作さんの作品のなかでは、この映画を「仁義なき戦い」より高く評価する。「仁義なき」も傑作であることは間違いないが、全体の安定度が違うのである。

冒頭から観客は劇中に引き込まれる。野趣あるソーラン節が流れて、船を浜に引き上げるモノクロ映像にかぶさっていく。何かいいものが始まるぞ、という期待感に襲われる。そういう出足である。

劇は三本の筋で進んでいく。山形勲[*30]（鉄＝健さんの父親）が繁忙期に雇われる漁師たち、〃やん衆〃といわれる男たちを束ねる剛毅な親方である。その山形にあることで遺恨をもったジャコ萬、それを丹波哲郎[*31]が演じるのだが、ことあるごとに漁を妨害する。それが第一の筋である。

もう一つの筋は、親方とやん衆の確執である。親方は絶対の力をもっているようでいて、実は季節労働者の力を借りないと何もできないという弱い立場でもある。お互いがお互いを必要としているのだが、力の争いで解決しようとするので、交渉は暗礁に乗り上げる。しかし、ニシンの群れは人間の都合を待ってくれない。もしこの時期を逃せば、雇う側、雇われ

＊27　ふかさくきんじ（1930～2003年）「魔界転生」「蒲田行進曲」「上海バンスキング」などを監督。
＊28　みふねとしろう（1920～1997年）「野良犬」「用心棒」「レッド・サン」などに出演。
＊29　つきがたりゅうのすけ（1902～1970）「いれずみ判官」シリーズ、「人生劇場」「旗本退屈男」シリーズなどに出演。
＊30　やまがたいさお（1915～1996年）「浮雲」「大菩薩峠」三部作、「柳生武芸帳」シリーズなどに出演。
＊31　たんばてつろう（1922～2006年）「豚と軍艦」「網走番外地」「007は二度死ぬ」などに出演。

る側双方に大損害が発生する。

残りの筋は、軍隊帰りの鉄が、休日になると出かけていく山の上の開墾地のエピソードである。入江若葉[*32]演じる純朴そうな娘に恋心を抱いているという設定である。同じ色恋でいえば、ジャコ萬にしつこくつきまとう遊び女《め》を高千穂ひづる[*33]が演じている。遠方から馬車を駆って、思い焦がれる男に会いに来る気丈な女を演じていて、入江若葉と好対照である。

健さんはつねに労働者側に立って、権力者である父親との仲裁に当たろうとする。そこには必ず明快な理論が裏打ちされているので、誰であろうと、納得せざるをえない。最後には敵《かたき》であるジャコ萬をも取り込んでしまう。もちろん鉄の人間的な魅力も大きいのだが。

争いが片付いて、健さんは番屋を去ることにする。そのまま居残れば、父親のあとを継ぐところだが、姉（南田洋子[*34]）とその夫（大坂志郎[*35]）に譲るかたちにして、大洋を渡る船員になるという。もともとは海軍の復員兵という設定なので、無理のないまとめ方である。開墾地での恋は、娘の恋人なのか、復員兵が戻ってきて、鉄の居場所はない。

では、この映画の中で、健さんのどこがよかったのか。番屋の広間で始まった宴会で、大坂志郎が三味線を披露したあと、健さんが南方の戦で覚えたという踊りを披露する。両腕を肘のところで曲げて垂直に立て、脚は思い切りがに股に開いて、エッサオッサと声を出して、手拍子に合わせて上下運動を繰り返すだけである。

猿蟹合戦のカニを思い浮かべてもらえば分かりやすい。踊りというには稚拙すぎる代物である。

しかし、なにか健さんの必死さが伝わってきて、私などはほろっと来るのである。あの健さんにこんな時代があったんだなあ、こういう野暮なことに正面から取り組む人なんだなあ、というこもごもの感情に襲われる。

もう一つ健さんの踊り（?･）で思い出すのは、「網走番外地」の一作目、看守に反抗して囚人たちが脱衣所で列をなして踊り始める。健さんも列に加わって熱の籠もった踊りを披露する。これも先のカニ踊りと形が似ている。

私はストイックな健さんのイメージしかもたないが、気の合った者同士では、座を盛り上げるために三枚目の役を買って出たという話を聞いたことがある。映画でのあの妙に力の入

＊32　いりえわかば（1943年〜）「宮本武蔵」「丹下左膳　飛燕居合斬り」「時をかける少女」などに出演。
＊33　たかちほひづる（1932年〜）「雪の丞変化」「ゼロの焦点」「拝啓天皇陛下様」などに出演。
＊34　みなみだようこ（1933〜2009年）「十代の性典」「太陽の季節」「幕末太陽傳」などに出演。
＊35　おおさかしろう（1920〜1989年）「東京物語」「わが町」「不道徳教育講座」などに出演。

った踊りは、健さんの本来の地が出たものだったのかもしれない。その熱にやられて、強く記憶に残ったのかもしれない。

「日本侠客伝」

＊任侠の型は途中でつくられた

東映内部に任侠映画に批判的な人たちがいたのは知っている。問題は、任侠映画一色に染まったことではないかと思えるのだが、俊藤浩滋プロデューサーの仕切りへの反感をもつ者もいた（俊藤さんについては、のちに触れる）。脚本の笠原和夫さん[*36]、監督の山下耕作[*37]などが思いつく。どちらも任侠映画になくてはならない二人だが、俊藤さんを評価しないというのはあっただろうと思う。

私自身は、長谷川伸の「一本刀土俵入」「関の弥太っぺ」「沓掛時次郎」のような話が好きだったので、さして違和感をもたなかった。ごく最近、後輩に譲るまで、わが家の本棚には『長谷川伸全集』が鎮座ましましていた。

笠原さんはやくざ映画などやる気はなかったのだが、テキヤであったり、川筋者であったり、料理人であったり、正業に就いていながら、半分は任侠の世界に生きている人間なら描ける、と妥協したようだ。実際、その通りの人物設定を行っている。

主人公が仕事をもっているので、集団劇という縛りから、主人公の会社（組）とほかの新興会社（組）の対立という設定に自然となっていく。

ところで、任侠映画がある種の様式美でできていたことは誰しも認めるところだが、最初から型があって、それをなぞったというわけではない。映画を撮り進めるなかで、型ができ上がっていったというのが正直なところである。

たとえば、客人が組員以上の働きをするというのは、「人生劇場　飛車角」で気づいたあり方で、以後、それを踏襲していく。

最後の殴り込みの場面で、男同士の「道行き」というかたちにしたのは「昭和残俠伝」になってからである。

任侠映画として成熟するまでに、たとえば次のような意外な映像もある。

「日本俠客伝」の一作目、健さんが悪役の安部徹[*38]を殺したあと、警官が飛び込んで来るが、

＊36　かさはらかずお（1927～2002年）「めくら狼」「日本暗殺秘録」「大日本帝国」などの脚本を執筆。
＊37　やましたこうさく（1930～1998年）「戒厳令の夜」「修羅の群れ」「竜馬を斬った男」などを監督。
＊38　あべとおる（1917～1993年）「肖像」「暗黒街最後の日」「不良番長」シリーズなどに出演。

凄惨な現場を見て後ずさりをする。それを健さんが手招きするという変なことをやっている。

あるいは「日本俠客伝　浪花篇」（一九六五年）、シリーズの二本目では、最後の斬り合い場面がとても短い。先に記したように「飛車角」にはそもそもその最後の斬り合い場面がない。

「飛車角」は始まってすぐ佐久間良子にかぶさる鶴田浩二という画面である。軽く唇をつけて、すぐに離れるのだが。それにしても、ちょっとびっくりするような始まり方である。

加藤泰[*39]が撮った「明治俠客伝　三代目襲名」には、なんと鶴さんと純子の接吻のシーンがある。その映画には津川雅彦が酌婦とキスするシーンもあって、任俠映画としては異色である。この映画のラストも変わっていて、警察に引っ立てられる鶴さんに純子がすがりついて離れない。

ほかに探せばいくつも、われわれが抱いている任俠映画とは違うイメージのものが、多々見つかるのではないだろうか。

＊「ビンビンだよ」

思い出すのは「日本女俠伝　真赤な度胸花」（一九七〇年）で北海道十勝にロケに行った

ときのことである。健さんが来た、という噂が近在に伝わっていった。

健さんが十勝川温泉に浸かっていると、いつの間にか周りを女性陣で埋め尽くされた。赤い茹でダコとなって、ニコニコしていた健さんがほうほうの体《てい》で逃げ出したのが忘れられない。

同じ温泉での出来事だったと思うのだが、酒席に健さんをたまらなく好きだという女性がいて、次第に興奮したのか、健さんのまえで素っ裸になった。「健さん、どうもないの？」と尋ねると、次のような答えが返ってきた。

「いやあ、どうもあるよ。俺だって下はビンビンだよ」

これには大笑いしてしまった。

「真赤な度胸花」について少し触れておくと、これは降旗康男監督で、藤純子の父親があくどい手を使って、健さんの父親から土地を奪い取った過去がある、という設定である。それは単に利益のためではなく、地域振興のためだったということなのだが、悪事を働いたことはたしかで、健さんはその恨みを晴らしにやってきた、という役柄である。

＊39　かとうたい（1916～1985年）「沓掛時次郎　遊俠一匹」「瞼の母」「幕末残酷物語」などを監督。

藤純子の珍しいズボン姿に、カンフーまがいのアクションが見られるという意味では、貴重な映画である。ほかに純子ではやはり「日本女侠伝　激斗ひめゆり岬」でTシャツ、ズボン姿が見られる。こちらには、沖縄戦で生き延びた男として菅原文太が登場する。

＊健さん神話のいくつか

健さんのコーヒー好きはあまりにも有名だが、撮影の現場にまで自分で淹《い》れたものを持ってきて飲んでいた。健さんはよく撮影に遅れてくるのだが、私は、コーヒーの飲み過ぎで夜、寝られないことが原因ではないかと勘ぐっていたくらいである。

京都ではイノダコーヒに通っていたようだが、三条店では座る席も決まっていたという。人気商売ともなれば、安心して身を潜められる場所は貴重だったろうと思う。そういう意味でイノダは過ごしやすかったのかもしれない。ちなみにあのコーヒーは私の好みではない。

東映京都撮影所の前にみどりやというコーヒー店があったが、マスターがサイフォンで淹れてくれるコーヒーは絶品だった。値段も高く、東映の食堂で三〇円の時代に五、六〇〇円もしていた。

健さんはそこに注文して部屋で飲んでいた。競艇なら俺が一番だと豪語していた中村敦夫[*40]

がその店の常連である。その中村を師とあおいでいた火野正平[*41]も常連で、中村の尻馬に乗って競艇に金を注ぎ込み、相当な痛手を被ったはずである。

健さんのカレー好き、豚汁好きは、単に撮影所の習慣から来たものではないだろうか。忙しい撮影の合間にさっと腹に詰め込めるものとして、撮影所の食堂でつくっていたのがカレーに豚汁だった。これさえあればいい、と健さんが言っていたようだが、たしかにロケ地で食べるカレーや豚汁は格別にうまいものである。変な仕出し弁当を食べるより、こっちのほうがいい。

健さんには男色の噂があったが、周りにいた人間でそれを信じる者はだれもいないのではないだろうか。江利チエミにぞっこんになるまえに、松竹の杉田弘子[*42]という美人女優に惚れていたという話がある。よくハワイに出かけていたが、そこに女性がいたという噂もあったし、撮影所でもスターさんに用意された自室で女性と長話しているのを、私も聞いたことが

＊40　なかむらあつお（1940年～）「愛の嵐の中で」「南十字星」「帰って来た木枯し紋次郎」などに出演。
＊41　ひのしょうへい（1949年～）「ええじゃないか」「極道の妻たち　危険な賭け」「梟の城 owl's castle」などに出演。
＊42　すぎたひろこ（1934～1992年）「人妻椿」「太陽とバラ」「つゆのあとさき」などに出演。

ある。健さんの電話は長いので有名である。

スターの個室はシャワー付きで、大部屋の連中は銭湯のような風呂に入っていた。しかし、メイクは大部屋で、というのが決まりだったが、むかしはスターにカツラとメイクは一人ずつ専門に付いていたものだ。

結髪はスターの頭の形を測って、銅板を丸く叩いてつくっていた。それに毛を埋め込んでカツラにするのである。よくスターの使い古したカツラをかぶって仕出し（端役）の連中が所内を走り回っていた。里見浩太朗[*43]などは、その一人である。

もう一つ健さん神話を確認しておくと、撮影現場で座らないというのはたしかにそうで、任侠ものをやっているときには、すでにその姿勢を堅持していた。現場では給料もよくないのにスタッフが一番働いていて、スターだからといってのんびりしているわけにはいかない、というのが健さんの理屈である。

健さんはこういう自分なりのけじめというのをいくつかきっちり決めてあって、それを遵守することにある種の生きがいを感じていたのではないだろうか。

われわれ凡人には、どれ一つとしてまともにはできないわけだが。

鶴田浩二は、完全に台詞を頭に入れて、撮影に臨んでいた。いろいろ女性問題では緩さの目立った鶴さんだが（とにかくまめだった）、いざクランクインすると、まっさきに撮影所の前に椅子を出して、出を待つような律儀なところがあった。こういう厳格な姿勢というのは、自ずと健さんにも影響していたのではないかと思う。

健さんの潔癖な性分がよく現れていると思うのは、たとえばタクシーで京都ホテル（現・京都ホテルオークラ）に迎えに行くと、クルマに乗り込んでからズボンのシワが気になりだすと、もう取り替えに戻るまで気に病んでしょうがない、といったところである。

あるいは、健さんがよく泊まっていた赤坂東急ホテル（現・赤坂エクセルホテル東急）のブランドショップでネクタイ選びに付き合ったことがあった。一時間、そして二時間経って、やっと欲しい物が決まるのである。

そういった性向が彼の人選びにもあった、と私は思っている。

＊健さんと錦之助

健さんは中村錦之助（錦ちゃん）にかわいがられていた。やくざ映画を一段下に見ていた

＊43　さとみこうたろう（1936年〜）「唄祭り三人旅」「満月かぐら太鼓」「照る日くもる日」などに出演。

錦之助が「日本俠客伝」に出たのは、健さんかわいさからである。それにしても、この映画での錦之助には、色気というか、あでやかさというか、やはり大スターが演じている華やかさがあった。

もし彼が任侠映画に肩入れしたら、どんな世界ができ上がっていたことだろう。

当時、錦ちゃんは文芸路線に入れ込んでいて、「ちいさこべ」（一九六二年）、「鮫」（一九六四年）、「冷飯とおさんとちゃん」（一九六五年）などで主演し、これらはすべて名匠田坂具隆[*44]監督が撮っている。

錦之助はそういう良質な映画にシフトしようとしていたのである。

健さんと錦ちゃんのエピソードで懐かしいのは、酔っ払った錦ちゃんが四条大橋を渡りながら、一枚一枚脱いでいって、振りチンになったことである。健さんは、その後ろから衣服を拾いながら、「若旦那、若旦那」と声を上げていた。

*「制服の男を」という注文

沢木耕太郎さんが健さんに脚本を書いてほしいと言われた、と健さんとの付き合いを回顧した文章に発表していた（「文藝春秋」二〇一五年新年特大号）。

その条件に「制服」を入れてくれ、というのがあったという。われわれが制服（決まった服）で思い浮かぶのは、駅員、警官、囚人、兵隊、消防隊員といったところだろうか。そのエッセイを読んで、意外な感じもしたし、そういえば、健さんには制服の役が多かったもしれない、と思い返しもした。意外な感じがしたというのは、健さんはふだんは白いズボンにTシャツ、あとはジャンパーというラフな格好をしていたからで、その姿が一瞬、よぎったのである。

「網走番外地」では、「母親」の話を出してくれ、と言っていたという。第一話は、たしかに母親の死に目にあいたくて、脱獄を図る話である。

健さんは脚本に何やかや言う人ではなかったが、「制服」や「母親」といったちょっとした、それでいて大事な要望を出していたことを思うと、彼のこだわりの片鱗を見たような気がする。

健さんが三島由紀夫を演じることに意欲的だったという話もあるようだが、そういえば、市ヶ谷駐屯地のバルコニーの上で檄を飛ばしていた時、三島は制服だったよな、と思ったも

＊44　たさかともたか（1902～1974年）「土と兵隊」「どぶろくの辰」「陽のあたる坂道」などを監督。

のである。

結局、沢木さんは健さんの要望を叶えることができなかった、という。彼に制服を着た人物像を造形する意志がないのだから、はなから難しい注文だったのである。

渥美清*45はほかの役を封じて「寅さん」に殉じたと言うことが多い。その伝でいけば、健さんは「制服の似合う男」に殉じたと言えるのかもしれない。

やくざ映画の出身であることを消そうとしたのが、後半生の健さんの軌跡だった、とも言える。考えてみれば、やくざの着流しと看守の制服は正反対の方向を向いている。

健さんが制服の男とすれば、さしずめ文太は普段着の男ということになろうか。

3　狷介な人

*健さんとは組めない

私は、東映を辞めたあとの健さんと組むという考えはまったくなかった。のちに触れるが、「青春の門」で健さんを主役にと考えたのは、原作者五木さんの特別な申し出があったからであって、私自身は自分のポリシーから言って、考えられない選択肢だった。

というのは、プロデューサーは自分のコントロールできない監督、俳優と組んではいけないからである。もし何か起きたときに、それを止めることができるのはプロデューサーしかいない。監督が暴走すれば、それを止めるのは私である。俳優の横暴も、監督が制御できなければ、お鉢はこっちに回ってくる。それがプロデューサーという仕事である。

日本ヘラルド映画でたくさんの名作映画を輸入、配給した原正人さん（ヘラルド・エースで「戦場のメリークリスマス」を製作している）は、著書のなかで、尊敬する黒澤明と組んだときの話を書いている。「乱」の製作者として原さんがプロデューサーとして関わったのである。

日程の問題、費用の問題はつねに撮影には付きもので、なかでも黒澤監督が想定をオーバーすることは常識と言っていい。プロデューサーはそれを野放図にしておくわけにはいかないので、監督のもとへ行って諫《いさ》めなくてはならない。

原さんは憧れの監督にそれを言えなかったという（製作費はぎりぎり予算内で収まったよ

＊45　あつみきよし（1928〜1996年）「ブワナ・トシの歌」「喜劇　急行列車」「喜劇　爬虫類」などに出演。

うだが、監督に言いたいことはたくさんあったのではないかと推測される）。私はこういう轍を踏みたくない、とずっと思ってきた。だから、「台風クラブ」を撮った相米慎二[*46]監督は魅力的だとは思ったが、組もうとは思わなかった。制御できる自信がなかったからである。

深作とやっているではないか、大島渚[*47]、今村昌平のうるさ方とやっているではないか、と言われそうだが、彼らと組んだのは、あるいは組もうとしたのは、自分のなかに勝算があったからである。そのワケについてはまたのちの章で語っていきたいが、私の基準から言えば、健さんは難物中の難物なのである。

もちろん撮影が始まれば、納得ずくで始まったわけだから、健さんはなんだかんだ言う人ではないことは分かっている。しかし、私の中では、なにか思わぬことが起きたときに、自分が制御できない人間がいる、と事前に分かっていて、仕事を進める気になれない、ということである。

これは好きだとか嫌いだとかの問題ではない。自分のプロデュースする映画で、自分の意志が通せるかどうかの問題である。

岡田茂はよく俳優がごねると、「首をすげ替えるぞ」と脅したものである。プロデューサーという稼業は、それぐらいでないと務まらない。

＊社内「俊藤プロダクション」

健さんを主演に据えようとして、私は二回、断られている。

「日本侠客伝」から数えれば一八本の映画で健さんに関わっているが、俊藤浩滋というプロデューサーがいて、私はサブとして彼に付いたかたちだった。健さん、鶴さん、文ちゃんは俊藤さんの支配下にあった。

その二回の拒否のいきさつを語る前に、俊藤浩滋というプロデューサーについて、ひとくさり語っておかなくてはならない。

私がチーフプロデューサーとして俊藤さんのくびきを離れたのは「仁義なき戦い」以降だが、「仁義なき」「青春の門」でも文太の起用には俊藤さんの許可を得なければならなかった。つまり、東映のなかに俊藤プロダクションがあるようなもので、そこに健さんなどが所属していて、彼の許可を得ない限り、東映の（！）映画に出てもらうことができない仕組みに

＊46　そうまいしんじ（1948～2001年）「セーラー服と機関銃」「ションベン・ライダー」「お引越し」などを監督。

＊47　おおしまなぎさ（1932～2013年）「愛と希望の街」「日本の夜と霧」「絞死刑」などを監督。

なっていた。

なぜそんなことになってしまったのか。それは大赤字だった東映再建に大なたを振るった大川博との関係がある。大川は東急グループの創設者五島慶太の懐刀のような存在で、東急分裂騒動を収拾させたことで有名である。

東映社長となってからは、削るものは削る合理的な経営を目指し、時代劇解禁の時節にも合って、業績を伸ばすことができた。

彼の将来を見越した手腕として、日本教育テレビ（現・テレビ朝日）と東映動画（現・東映アニメーション）の創設がある。テレビとアニメといえば、いまなら誰しもその存在価値を疑う者はいないだろうが、一九五六年に東映動画のもととなる日動映画を、一九五九年に日本教育テレビをつくったと知れば、その先見性に驚くにちがいない。

その大川がプロ野球チーム、セネタースの後身東映フライヤーズのオーナーを務めていたときに、巨人軍監督を降りた名監督水原茂を引っ張ってきたのが俊藤さんだった。

そして、大川が東映の会社社長になったときに、東宝から鶴田浩二を引き抜いてきたのも俊藤さんだった。

大川は二度までも自分の転機に手腕を発揮した俊藤さんにべた惚れで、よく「俊ちゃんはすごい、俊ちゃんはすごい」と口癖のように言っていた。その人間が撮影所に来れば、下にも置かない待遇になるのは、理の当然である。

それに、俊藤さんはマキノ雅広の信頼も厚かった。東宝の「次郎長三国志」のころでも付き人としてあれこれ尽くしていた。ヒロポンでヨレヨレのときも、俊藤さんが親身に世話をしていたらしい。

＊二つの顔をもった俊藤さん

鶴さんでも、藤山寛美[*48]でも、俊藤さんの前に出れば、直立不動だった。鶴さんは山口系山健組の組員に、宿泊していた旅館で顔をハツられ（斬られ）ている。そのときに山口組とのあいだに入って事を収めたのが俊藤さんである。

じつは鶴さんの父親もやくざ稼業で、俊藤さんがその父親を知っている関係で、鶴さんとつながるのである。

鶴さんがひれ伏せば、健さん、文ちゃんも右へ倣え、である。サラリーマンの方には分か

＊48　ふじやまかんび（1929〜1990年）松竹新喜劇。莫大な借金を抱え、その返済のために多数の任侠映画などに出演。

らないが、俳優や芸能人にはいわく言い難い圧力がかかることがある。そういうときに俊藤さんのような人がいると心強いということがあるのかもしれない。

俊藤さんには二つの顔があったと言っていい。映画プロデューサーであり、裏社会の顔役でもあった。その二つは密接に絡んでいて、誰も口出しできない雰囲気があった。実際、正式にプロデューサーとなって京都撮影所に乗り込んできたときは、その筋の者を二、三人従えていた。

神戸市長田区で生まれて、五島組という神戸でも大きな組の若い衆だった。それにボンノ(菅谷《すがたに》組組長の菅谷政雄)と少年時代からの付き合いで、ボンノは山口組の大幹部だった。

俊藤さんは、後に京都のクラブ「おそめ」のママと知り合ったことが、作家や芸能人などへ交際範囲を広げるきっかけとなった。大阪でダンサーをしていた藤純子の母親と縁を切ったあとの話である。

東京・銀座にも店を出し、京都・御池《おいけ》にダンスホールやクラブを擁する大きな「おそめ会館」をつくり、羽振りのいいところを見せつけた。裸一貫で、金をもっているわけでもなく、背丈もあるわけでもない男が、一〇〇年に一度の美女といわれたおそめさんを落とした……それだけでも相当な箔がつくことになる。

俊藤さんは、任侠路線に舵をきったあとの東映には欠かせない存在となった。なにしろその世界のしきたりや作法を実際に知っている人間がすぐそこにいる、というのは心強い。あのマキノ雅広でさえ、それは違う、と言われれば従うしかなかった。ましてわれわれなど、その世界の深い知識にひれ伏すばかりである。

私には割り切ったところがあって、俊藤さんの世話にならないといけないときは、頭を下げて頼み込んだ。それしか方法がなかったからとも言えるが、会社全体が任侠路線に舵をきった以上は、俊藤さんを頼りにするのは必然みたいなものだった。

俊藤さんは映画プロデューサーのほかに、興行の仕切りもやっていて、そちらの稼ぎを自分の懐に入れていた。

地方のナイトクラブなどはその筋の人間が経営していることが多く、俊藤さんには特別なルートがあったのだろう。そういう店に、健さんや鶴さんがヒット曲をもってやってくれば、大喜びするのは当然である。健さんには「網走番外地」の大ヒットがあるし、もともと歌手だった鶴さんには「街のサンドイッチマン」のような知られた歌があった。

まさかそういうところで渡されるギャラに領収書を求められることもない。ぽんと渡された現金が五〇〇〇万だったりすれば、好き嫌いは別にして、健さんも、鶴さんも悪い気がしなかったにちがいない。

それが俊藤さんの人心掌握術だったのである。

もし、そういう振る舞いを止めるように言えば、きっと俊藤さんはお抱えの俳優と一緒に、よそへ鞍替えしたことだろう。岡田茂もおいそれと手出しできないのは、それがあったからである（実際、実録もの路線に切り替わったあと、独立騒ぎがあった）。大川さんと同じく岡田も「俊ちゃん」と言ってはいたが、どこまで心を許していたかは分からない。

＊拒否される俊藤さん

私は「やくざ戦争　日本の首領《ドン》」（一九七七年）という映画のプロデュースをしている。一九七二年に封切られて大旋風を巻き起こした「ゴッドファーザー」の日本版ができないか、と考えたのである。

いろいろ調べるほどに、日本でゴッドファーザーといえば田岡一雄山口組三代目ではないかと思った。山口組の関東進出の経緯などを絡ませながら、組長の架空の家族の問題なども織り込もうと考えた。

映画で鶴田が演じている若頭の役を、実は健さんで行こうと私は考えていた。田岡さんの役は重厚なイメージが欲しかったので、佐分利信さんにお願いした。

佐分利信さんは大御所でありながら、出演交渉などを自分でなさる方で、直接、ご自宅に伺って、ぜひお願いしますと頼み込んだことを覚えている。寒々とした、幽霊屋敷みたいな豪邸に一人で住み、お茶一杯も出なかったことが、記憶に残っている。それで出演料を怖る怖る三〇〇万円と切り出したところ、「分かった」といってもらえたときには、急に緊張がほどけた感じがした。

あと健さんが出てくれれば、言うことなしである。その交渉はもちろん俊藤さんにお願いした。彼からは大丈夫だから、という返事を貰っていた。しかし、期日が迫っても、なかなか確約の話が舞い込んでこない。催促しても、俊藤さんは大丈夫だと言うばかりである。

とうとう待ちきれず、健さんの線は諦めなくてはならなくなった。その時点では、さすがの俊藤さんの威光も健さんに届かなくなっていたことが明白になった。

健さんという人は非常に潔癖で、人をなかなか信用しないし、一度、だめだと思った人間に再び門戸を開くことの極めて少ない人である。

彼は俊藤さんに公私にわたって世話になっていたはずである。東京のおそめのママのマンションにはしょっちゅう顔を出して、食事を振る舞ってもらっていた。独身者とすれば、家

「青春の門」

庭料理が味わえるほど嬉しいことはない。

その俊藤さんであっても、健さんは袂を分かっていく。これは私のあて推量にすぎないが、なにか興行に関わることで、健さんのなかにしこりとなって残るものがあったのではないだろうか。

健さんは自分を利用しようとする人を近づけない。彼の親しくした人を見ると分かるが、全身全霊で彼に尽くすようなタイプばかりである。小林稔侍[*49]は直立不動で健さんの指示を待つような男。千葉真一も健さんの取り巻きだが、何が何でも健さんという入れ込み方をしていた。

健さんがいちばんよく一緒に仕事をした降旗康男は東京撮影所の同窓（健さんが三年先輩）で、彼は温厚を絵に描いたような好人物である。けっして健さんを踏み台にしてどうこうしようという邪念のない人である。

健さんと直に仕事をすれば、私など一度で信用をなくしただろうと思う。そういう厳しい面が健さんにはあった。

健さんは独立後に東映で「動乱」（一九八〇年、森谷司郎[*50]監督）を撮っているが、その製作を岡田裕介がやっている。岡田茂ジュニアである。彼は健さんから「ピーコ」と呼ばれてかわいがられていた。確たる理由は分からないが、その映画のことで不興を買ったらしく、以後、健さんはピーコとは袂を分かったと聞いたことがある。

*「青春の門」を健さんで

もう一つ、健さんに企画を振られた話をしよう。

あるとき、「週刊現代」から五木寛之さんとの対談を申し込まれた。もう四〇年以上も前の話である。私が手がけた映画に興味がある、ということだったので、お会いした。すでに『青春の門』を「週刊現代」に断続的に発表されたあとだったと記憶する。

そこから五木さんとの縁が始まって、来京するときにご一緒することがあった。彼は柊家を定宿にしていた。

その後、東宝が一九七五年に映画化し、伊吹信介を田中健[*51]、父親重蔵を仲代達矢[*52]、義母を吉永小百合[*53]が演じ、吉永小百合が濡れ場を演じたというので話題になった。

---

*49　こばやしねんじ（1941年〜）「狂い咲きサンダーロード」「ビルマの竪琴」「マークスの山」などに出演。
*50　もりたにしろう（1931〜1984年）「日本沈没」「八甲田山」「聖職の碑」などを監督。

私はその六年後、再映画化を決意し、五木さんに頼み込んだ。快諾を得たが、一つ条件が付けられた。同郷の高倉健さんに重蔵を演じてもらいたい、そうでなければ受けない、というものであった。五木さんの生まれは福岡県八女《やめ》である。

もう俊藤さんで渡りをつけることはできない。そこで考え出したのは、やはり同郷のプロデューサー天尾完次さんで、彼は福岡の生まれである。岡田茂のピンク路線を主に歩んだ人で、私が進行係のときの四年先輩だった。そのころ、いつも作業着を着ていた印象が残っている。もちろん健さんとは同郷のよしみで付き合いがあった。

調べたところ、健さんはパリにいるという。急遽、天尾さんは同地へ飛んで、説得を重ねた。監督は蔵原惟繕[*54]（「キタキツネ物語」などを撮る。後年、健さんとは「南極物語」で組んでいる）で、監督は野上龍雄[*55]の脚本ならいい、というので、その布陣で天尾さんは説得した。

ところが、健さんがどうしても首をタテに振らない。なにか作品が重なっていたという事情ではなかった。ただ受けたくない、の一点張りで埒《らち》が明かなかったという。

健さんが断った理由は、重蔵というキャラクターがどうのということではなくて、家庭があって、子どもがいるという設定が不似合いだと思ったのではないか、と私は推測している。

健さんの演じた人物で、そういう設定のものはないのではないだろうか。

そこは、自分の居場所ではない、と思い決めていたのではないか。

私は健さんの可能性がなくなったと思い、文ちゃんに切り替えて、五木さんの説得に当たった。当初のイメージを変えるのは難しいことだが、五木さんは私の提案を了としてくれた。

この映画では伊吹信介を佐藤浩市[*56]が演じているが、もちろん三國連太郎[*57]の息子で、その後、スターダムにのしあがっていったことは、誰しもご存じのことだろうと思う。連ちゃんに関しては、約束を何度か破られて、岡田は絶対に使うな、とブラックリストの筆頭に挙げていた。その息子が東映のフルキャストの映画で主演を張るのだから、運命の巡り合わせとは異

＊51　たなかけん（1951年～）「衝動殺人・息子よ」「真夜中のボクサー」「青春かけおち篇」などに出演。
＊52　なかだいたつや（1932年～）「鍵」「人間の條件」「切腹」などに出演。
＊53　よしながさゆり（1945年～）「キューポラのある街」「愛と死をみつめて」「玄海つれづれ節」などに出演。
＊54　くらはらこれよし（1927～2002年）「俺は待ってるぜ」「愛の渇き」「南極物語」などを監督。
＊55　のがみたつお（1928～2013年）「あゝ決戦航空隊」「悪魔が来りて笛を吹く」「白蛇抄」などの脚本を執筆。
＊56　さとうこういち（1960年～）「トカレフ」「KT」「壬生義士伝」などに出演。
＊57　みくにれんたろう（1923～2013年）「海の花火」「にっぽん泥棒物語」「破戒」などに出演。

なものである。

この映画には鶴さん、富さん（若山富三郎[*58]）も華を添えてくれて、俊藤さんに感謝したのはもちろんである。幸いにも、興行成績は東宝よりうちの方がよかった。

＊岡田と健さんの関係

健さんは三本のシリーズを走らせて、年に一〇本以上は作品を世に送り出していた。そのまえから本数はそんなものだったから、別にそのことで不満を抱くということはなかったのではないだろうか。

それよりも問題は、どの映画も似たりよったりで、あれではいつ何を撮っているのかも分からなかったのではないか。よく選挙で飛びまわっている政治家は、朝方起きても、しばらく自分がどこにいるか分からないということがあるというが、健さんは同じ撮影所に通いながら、自分がどこにいるのか分からない、といった状況だったのではないか。

ちなみに石原裕次郎[*59]の作品を見てみると、年に一〇本撮っている年があるが、少なくとも東映のようなシリーズ名はうたっていない。小林旭[*60]には「渡り鳥」シリーズがあるが、三年ほどで終わっている。

いってみれば、儲かるとなるとそれだけに集中する東映体質というのが、結局はスター主義といいながら、彼らの役者寿命を縮めたのかもしれないのである。

健さんが東映を辞めるに際し、籍を置きながら他社の仕事もするという話があったと言われることがあるが、岡田と健さんの関係からいって、それはありえないという気がする。健さん自身も岡田よりは大川さんにシンパシーを感じていたのではないかと思う。

岡田に後年の健さんの活躍を見通す目があれば、是が非でも止めただろうが、おそらく岡田にとっての健さんは任侠映画の健さんでしかなかったのではないだろうか。

＊58　わかやまとみさぶろう（1929〜1992年）「人形佐七捕物帖」「極道」「極悪坊主」などのシリーズに出演。

＊59　いしはらゆうじろう（1934〜1987年）「狂った果実」「太平洋ひとりぼっち」「黒部の太陽」などに出演。

＊60　こばやしあきら（1938年〜）「南国土佐を後にして」「ギターを持った渡り鳥」「民暴の帝王」などに出演。

第二章　文太の時代

1 「薄気味の悪い、危険な人物」

＊自然な人、文太

菅原文太は健さんと違って、苦労人だったこともあり、主演ではなく脇に回ることも厭わなかった。あれだけトップを張りながら、稀有なことである。

文ちゃんは背も高いし、スラッとしてかっこいい。銀座のクラブのボーイをやりながら、モデルをやっていたこともある。その関係で、安藤昇[＊1]さんと知り合いになる。安藤さんは渋谷が縄張りで、安藤組を名乗っていた。安藤さんはとても女性にもてた人で、当時は銀座のクラブ「姫」のママとできていた。

安藤さんは、自分が渋谷でゴロをまいていたころのことを映画にしたい、ついては自分が主役でやりたいと言ったところ、松竹京都がいいでしょうと受け入れることになった。それが「血と掟」（一九六五年）である。

一方、自分のところに出入りしていた文ちゃんは、すでに新東宝のハンサムタワーズ四人組（高宮敬二[*2]、寺島達夫[*3]、吉田輝雄[*4]）として売り出していたが、なかなか芽が出ない。ちなみに、ハンサムタワーというのは、美男子で背の高い男という意味である。

やがてハンサムタワーズごと松竹に移籍し、文太は安藤昇の先の作品や「逃亡と掟」（一九六五年）、「男の顔は履歴書」（一九六六年）などに出演した。

次に安藤昇が東映に移り、その引きで、文太は俊藤さん預かりになった。俊藤さんも、文ちゃんを娘の純子の相方などで使っていこうとした。

ハンサムタワーズの一人、吉田輝雄は新東宝で石井輝男監督と知り合い、その後、松竹の看板スターになっている。さらに、東映で「網走番外地」シリーズ、「異常性愛」路線などに出て、その端整な顔と、抜群のスタイルで、観客を魅了した。のちに祇園のど真ん中にある高級クラブのママの旦那となっている。歌手の中条きよしが吉田の後釜に入ったと聞いたのはいつだったろうか。

＊1　あんどうのぼる（1926年～）「男の顔は履歴書」「懲役十八年」「出所祝い」などに出演。
＊2　たかみやけいじ（1933年～）「拳銃と驀走」「太陽先生青春記」「東京無宿」などに出演。
＊3　てらしまたつお（1936～1997年）「落第生とお嬢さん」「女賭博師みだれ壷」「はだしの花嫁」などに出演。
＊4　よしだてるお（1936年～）「東京湾の突風野郎」「東京さのさ娘」「秋刀魚の味」などに出演。

＊安藤昇との深い関係

せっかく東映に移籍しても、文ちゃんはしばらく鳴かず飛ばずだった。文ちゃんが俊藤門下になったのは安藤さんの推薦もあるが、ほかの主立った役者が俊藤さんの息のかかった状態である以上、そこに属する方が得策だったということもあるだろう。

文ちゃんの出た映画を思い出しても、申し訳ないが、これはいい、見惚れた、という演技の記憶がない。もともとそう細かい演技ができる人ではないし、監督もそれを要求しない。本人は役者だから、その気はあったかもしれないが、やはり自ずと限界がある。

小林信彦氏は、このころの文ちゃんを「うす気味の悪い、危険な人物」と評しているが、やはり文ちゃんも存在感の役者だったのである。

健さんはあくまで自己抑制の利いた、実直な人だったが、文ちゃんはまさに正反対、ざっくばらんで、非常にオープンな性格の人だった。文ちゃんは、自分をつくったり、飾ったりしない、自然体で生きた人ということができる。

健さんは、観客から見れば端整に見えるようにつねに自分をつくっているところがあった。それは素質もあるだろうが、たぶんに人工的なところがあったはずである。

テレビのインタビューだったか、自分はすごい短気だと健さんが言っていたことがあったが、それはスクリーン上の彼とは正反対のものである。耐えて、忍んで、我慢して、もうダメだとなったときに爆発するのが健さんのイメージで、直情径行の人というイメージはない。少なくとも、中身はそうだとしても、外見は忍耐の人を通すのが健さんである。それがまた文太にはない点である。

素のまま、地のままというのが文ちゃんの魅力で、画面にも自ずと彼のそういったところが出ているように思う。そういう意味では、文ちゃんは演技がしやすかったかもしれない。

それに、文ちゃんは自分の柄の悪さを売りにしていたところがあった。だから、彼の出る映画は、「トラック野郎」でも何でも、本当に品がよくない。ソープランドのシーンが付きものだし、女と見れば襲いかかるようなことをしている。

文ちゃんは酒が強い。そして、女にも強い。ここだけの話だが、ある作曲家の奥さんに収まった人は、文ちゃんのお手つきの女優だった。

文ちゃんは開放的な男で、人を連れて飲み歩くことが多かった。自分の振る舞いに格好をつけないから、自然と人が集まったのではないかと思う。クラブでもけっこう酔っ払って、わめいたり、騒いだりしていた。

「トラック野郎」で主人公の桃次郎はしょっちゅうお腹を下しているが、あれは現実の文ちゃんをそのまま写したものだ。大食漢ではあったが、胃腸が悪くて栄養が身体に回らなかったのかもしれない。

後年、週刊誌などで沖縄で反基地闘争をしていたなどと読むと、ある夜のことを思い出す。たしか「日本女俠伝　激斗ひめゆり岬」で文ちゃんと沖縄にロケに行ったときのことである。「仁義なき戦い」の二年前の映画である。あるクラブに入って飲んでいるうちに、文ちゃんがやくざに絡まれた。有名人と見れば、反感をもつ人がいるのは、ごくふつうのことである。とくに文ちゃんはふだんから悪ぶるところがあって、危なっかしい感じがすることが何度もあった。

そのとき、どうするかと思って見ていたら、見事に堪《こら》えて、すんません、と頭を下げた。私は、文ちゃんも大人になったもんだ、と感心したのを覚えている。

政治絡みでいえば、文ちゃんは俊藤さんに引っ張り回されて、自民党議員の応援演説などに顔を出させられている。なかでも亀井静香が対抗馬ホリエモンと戦ったときは、「この仁義なき戦いは、こっちに正義がある」などとぶち上げ、亀井氏当選の立役者になった。しかし、彼に政治的傾向があって、後年、その道に踏みこむことになるとはまったく思ってもみなかった。

＊演技をしない文ちゃん

私が見る限り、健さんと文ちゃんにはそれほど付き合いはなさそうだった。映画での絡みはいくつかあって、「ごろつき」「山口組三代目」「大脱獄」「神戸国際ギャング」などである(「山口組三代目」では、最後に文ちゃんが健さんに殺される!)。

もちろん文ちゃんが健さんをリスペクトして、先輩として立てているところはあっただろうと思うが、演技を盗もうなどとは思わなかったのではないだろうか。それは二人のスタイルが違いすぎるからである。

健さんは一人で凜と立っているだけで絵になる人だが、文ちゃんは雨に打たれて、コートを頭からかぶり、雪駄で水たまりをちょんちょんと足早に歩いているときなどが一番様になっていた。あるいは、ごちゃごちゃと人のいるところで息巻いている姿が、文ちゃんにふさわしいのである。

実際のところ、文ちゃんが役作りをするのは見たことがない。ほとんど、ぶっつけ本番だったのではないだろうか。ただし、どこで仕込むのか、撮影になると台詞は全部、頭に入っているという役者さんだった。

＊文ちゃんと川地民夫

文ちゃんの出た作品を見ると、懲役三兄弟とか血桜三兄弟、まむしの兄弟、バカ政ホラ政トッパ政のようなタイトルが多い。これは、はしなくも彼が独り立ちしていないことを示している。

なかでも川地民夫[*5]と組んだ「まむしの兄弟」シリーズは、その第一作目（一九七一年）を見れば分かるように、兄貴分（これが文太兄いである）がムショを出てから、ひたすら喧嘩、喧嘩に明け暮れる、ある意味、陰惨な映画である。それを救っているのが、文ちゃんと川地の、底が抜けているようなコンビである。ふだんから二人はとても仲がよくて、映画でも絶妙のコンビだった。人気を呼んだのも分かろうというものである。

どこの組にも属さず、二人でゴロまきに徹する姿は、アナーキーそのものであるが、それは足掻きながら自由を求めている姿にも見え、観客の共感を誘う要素となっている。監督はわが盟友中島貞夫[*6]である。このシリーズは九作までつくられている。

川地は軽いタッチの役者で、日活では小林旭の脇をやっていた。日活から東映に移ってすぐ、「まむしの兄弟」を撮っている。川地は女優中原早苗[*7]と内縁関係にあった（私は中原が苦手というか、できればお付き合いはご遠慮したいというタイプだった）。のちに東映に中原が来て、作さんが口説いて女房にする。「仁義なき」に「川地を使うよ」と言うと、「それだけは止めてくれ」と作さんに懇願されたことがあった。やりにくい、というわけである。それでも結局、山守組の若い衆で、裏切って土居組に付き、最後、梅宮辰夫[*8]が演じた若杉に殺される役をやらせている。

＊「実録」を用意したもの

文ちゃんには「仁義なき戦い」のまえに「現代やくざ」（一九六九年）シリーズ、「関東テキヤ一家」（同年）シリーズがある。

どちらも様式美のやくざではない（テキヤは物を売る正業ではあるが）。文ちゃんがテキ

＊5　かわちたみお（1938年～）「海底から来た女」「野獣の青春」「チ・ン・ピ・ラ」などに出演。
＊6　なかじまさだお（1934年～）「大奥㊙物語」「鉄砲玉の美学」「序の舞」などを監督。
＊7　なかはらさなえ（1935～2012年）「美しき不良少女」「くノ一忍法」「みな殺しの霊歌」などに出演。
＊8　うめみやたつお（1938年～）「ひも」「不良番長」シリーズ、「暴力金脈」などに出演。

ヤの口上を述べると、どうもメリハリがなくて様にならない。どうしても喜劇に見えてしまうのである。寅さんの立て板に水とは雲泥の差である。渥美清の口上は、ほんま者が手ほどきを受けに来たというほど本格的なもので、それに比べると文ちゃんの口上は眉唾ものということになる。

文ちゃんの喜劇性が十分に発揮されたのが、「トラック野郎」シリーズである。なじみのソープ嬢とくんずほぐれつしたり、愛する女性をまえに緊張してトイレにも行けず、女が太宰治が好きだといえば「ぼくもです」などと言い出し、太宰全集を購入するような馬鹿な男をコミカルに演じている。

「トラック野郎」シリーズが始まったのは、一九七五年。前に書いたように、会社としてはまったく期待度の低い、いってみれば間に合わせの映画だった。

それが思わぬヒットシリーズとなったわけで、会社とすれば地獄に仏といったところである。監督は下品な映画を撮らせれば天下一品と言っていい鈴木則文で、われわれはソクブン（則文）さんと呼んでいる。私と一歳しか違わない、気心の知れた仲である。

反対に、降旗康男監督を、われわれは〝朝鮮の皇太子〟とあだ名していた。何を撮っても、気品があるからである。さらに、前に触れたように、温厚篤実の人格者というイメージも備わっている。

品ということでいえば、深作はどんな荒くれ男を撮っても、品を保っているところがあった。それは彼の書く文字を見れば一目瞭然である。実に達筆で、きれいな字を書くのである。あれで熱烈なラブレターを書かれれば、たいていの女性はころっといくのではないだろうか。

それに比べて、則文さんの節操のなさ。裸あり、下ネタあり、コメディあり、人情あり、正義感あり、何でもあり、言ってみればごった煮みたいな映画を量産したのが則文さんである。

しかし、考えてみれば、「仁義なき戦い」のすさまじい混乱劇のあとに、いったい何がやれるだろう。何でも笑い飛ばしながら、エネルギッシュに生きる人間を扱うしかないように思うのだ。

そんな無軌道な男が、いざ好きな女ができるとウソのように純情になるのが、「トラック野郎」シリーズのミソで、たぶんに松竹の「寅さん」シリーズを意識してつくっていた。文ちゃんがいちばん脂が乗っていたときなので、則文さんもスタッフも、寅さんを超えたいという思いでつくっている。

愛川欽也[*9]の起用は、宣伝部に福永というのがいて、彼の推薦だったと記憶している。文ちやんも愛川に会って、意気投合したのではないだろうか。愛川は俳優座出身で、そこで経験と苦労を積んできた人である。たしか映画は「トラック野郎」の前に一本出たきりではなかったろうか。

＊則文さんの企画力に脱帽

私は大いに則文さんに助けられたことがあった。大映で江波杏子[*10]主演の「女賭博師」（一九六六年）シリーズが好評で、それの向こうを張って、東映でも同じようなシリーズをやれないか、と岡田および俊藤さんが持ちかけてきた。

東映はもともと女ものに弱い、男臭い映画会社である。女優をじっくり育てて、撮る、というのを苦手としていた。そもそも東映ニューフェイスは女優補充のためにつくった制度で、時代劇のお姫様女優が足りなかったからである。

一期が一九五三年で、中原ひとみ[*11]、山本麟一など二一名が入っている。二期が五五年で健さん、丘さとみ[*12]らで一九名。三期が五六年で里見浩太朗、大川恵子[*13]、桜町弘子[*14]など二七名。

このアイデアを考えたのはマキノ光雄さんである。

岡田、俊藤は、新シリーズでは藤純子主演を考えていて、本人の了解は取っておくからということだった。手回しのいいことである。

私が相談を持ちかけたのは則文さんで、場所は京都・木屋町の立誠小学校のそばの「花柳」という旅館。

まず主人公の名前を考えようとなって、電話帳をめくりながら、どういうわけだったか矢野竜子に決まった。脚本家はよく小説なり原作があると助かる、という言い方をするが、それはストーリーを拝借できるということも確かに大きいが、登場人物の名前を考えなくていいからだという。名前が決まれば、それぞれのキャラクターが決まってきて、おのずとストーリーは動き出すのだそうだ。高田宏治[*15]も中島貞夫も同じことを言っている。

＊9　あいかわきんや（1934〜2015年）「キンキンのルンペン大将」「私の心はパパのもの」などに出演。
＊10　えなみきょうこ（1942年〜）「鯨神」「その夜は忘れない」「黒の商標」などに出演。
＊11　なかはらひとみ（1936年〜）「くちづけ」「米」「純愛物語」などに出演。
＊12　おかさとみ（1935年〜）「阿波おどり　鳴門の海賊」「恋山彦」「森の石松鬼より恐い」などに出演。
＊13　おおかわけいこ（1936年〜）「鶯城の花嫁」「緋ざくら大名」「姫君一刀流」などに出演。
＊14　さくらまちひろこ（1937年〜）「ふたり大名」「朝晴れ鷹」「関東テキヤ一家」などに出演。
＊15　たかだこうじ（1934年〜）「柳生武芸帳」シリーズ、「まむしの兄弟」シリーズ、「野性の証明」などの脚本を執筆。

次はタイトルで、先方が「女賭博師」なら、こっちには鶴さんの「博奕打ち」シリーズがある、ということで、主人公矢野竜子の肩に緋牡丹の入れ墨をさせて「緋牡丹博徒」というのはどうか、と則文さんが言い出した。

私はただ感心して、頷くばかり。もうこれで骨格が決まったようなものだ。

ついでに矢野竜子がなぜ熊本弁を使うかというと、則文さんが単に〝九州弁フェチ〟だからである。私はそういうフェチを彼以外に見たことがないので、かなりの珍種のフェチだろう。純子の熊本弁は、人によっては、お尻がむずむずするらしい。なんだか翻訳調の方言を聞いているようだ、と面白い言い方をした人もいる。

則文大明神のおかげで、このシリーズは大ヒット。「緋牡丹博徒」シリーズで則文が監督したのは「一宿一飯」だけだが、脚本は「緋牡丹博徒」「花札勝負」「二代目襲名」「鉄火場列伝」「お竜参上」「お命戴きます」を書いている。興行的にはトラック野郎がずっと上だろうが、作品としてはこちらが上だろう。

もちろん藤純子の零《こぼ》れるばかりの色気に日本中の男がやられた。江波杏子を超えたのは、ひとえに孤独で強い女を演じた純子の鮮度である。

純子がちょっと片肌脱ぎになっただけで、立ち回りで裾から白い脚がちょっと見えるだけで、男どもを陶然とさせるものがあった。

ついでにいえば、「日本俠客伝　花と龍」では、小さな狭い部屋の中で、健さんの至近距離で純子が片肌脱ぎになり、牡丹の入れ墨を見せるシーンがある。これがどきっとするくらい妖艶である。

実は純ちゃんは少し肌を見せるだけでも、ものすごく抵抗した女優さんだった。むかしは、絡みや胸などのアップの画面になると、代わりの女優さんを立てるのが常識だった。それが、自分の娘寺島しのぶ[*16]が若松孝二[*17]の「キャタピラー」などで全裸を披露するのを見て、どんな思いを抱いたことだろう。

「緋牡丹博徒」の成功で藤純子は押しも押されもせぬ東映の看板スターとなり、このシリーズは八作続き、並行して「日本女俠伝」と「女渡世人」のシリーズが始まった。

＊16　てらじましのぶ（1972年〜）「赤目四十八瀧心中未遂」「ヴァイブレータ」「待合室」などに出演。
＊17　わかまつこうじ（1936〜2012年）「水のないプール」「実録・連合赤軍　あさま山荘への道程」などを監督。

2 「仁義なき戦い」前史

＊東映に流れる濃い血

映画会社にはそれぞれ特色があるが、観客は別にそれを知って見に行っているわけではない。寅さんが面白い、ゴジラが面白い、と勘を働かせて見に行っているだけである。健さんの映画なら間違いがない、文太が出ているなら楽しめそうだ、ということだろうと思う。

しかし、作り手とすると、自分の会社のカラーが自分のつくる映画に陰に陽について回るので、とても大事な問題なのである。あとでも触れたいが、私は時代劇から離れたくて、一九六六年に「８９３《ハチキユウサン》愚連隊」というのを中島貞夫監督で撮っている。けっこう評判を取った、その時代としてはモダンな映画だったと思うが、会社は添え物としか判断してくれなかった。となると、宣伝もそう掛けてくれないので、おのずと興行成績も上がらない、ということになる。

やはりその会社、会社で、濃い血が脈々と流れている。それに抗うには、相当なパワーがなければならない、ということである。

そういう意味で、「仁義なき戦い」の前史を見ていけば、任侠映画の底流にあった実録ものへの滔々とした流れに気づくはずである。あれは決して、突然変異で生まれたものではなかったのである。その底流に棹差していたのが、深作であり、文太だった、というのが私の考えである。

＊深作とコッポラ

深作はもともと東映時代劇のスターシステムに反感をもっていた男である。彼の作品のなかには、いわゆる傾向映画（左翼傾向の映画、という意味）と呼ばれるものさえある。結城昌治原作を映画化した「軍旗はためく下に」（一九七二年）である。これは南方の戦地における人肉嗜食をテーマにしたもので、まったくの不入りだった。

先の私の「８９３」よりもっと振り幅の大きい映画である。会社の路線に乗らないのだから、売れ筋にはなりにくい。映画は、監督の思いだけでどうにかなるものではない（それと作品の評価は別である）。こういう映画を売っていくのには、営業・宣伝の前向きな気持ちが必要なのだ。

あるいは、「狼と豚と人間」（一九六四年）は、裏稼業に進んだ三人兄弟の相克を描いたものだが、これも大失敗している。三國連太郎、健さん、北大路欣也[*18]が兄弟を演じている。その深作が「仁義なき」のような大ヒットを飛ばすのである。

私は奇しくも「ゴッドファーザー」（一九七二年）を監督したコッポラ[*19]のことを思い出す。従来からハリウッドにはマフィア物があったのだが、なかなか大ヒットしない。なぜなのかと考えたら、マフィア物なのにイタリア人が撮ってないことに気づく。それでコッポラに大任が回ってきたのだ。

それまでのコッポラは、映画を三、四本、評価は高いが売れない映画を撮っていた変人でしかなかった。日取りと予算のオーバーに加え、なにかと口うるさい監督として敬遠されていた、という。彼を大作の監督に推すことに異論も多かったらしいが、最終的に彼に落ち着いた。

これは記憶がおぼろげなのだが、たしか社内試写でも不評で、興行は大失敗すると思われていたという。ところが蓋を開けると、大変な騒ぎとなった。

よりリアルなものへ——深作のいた状況とコッポラの状況が私にはパラレルに思えるのである。もちろん深作はコッポラ以上に多数の映画を撮っていた中堅監督であった。しかし、もう一つ突き抜けるものがなかった、と言っていい。予算と日数をオーバーするのはコッポラと同じである。

　脚本家の笠原和夫さんは自分のホンをずたずたに書き換えられたことがあるので、深作のことを蛇蝎のごとく嫌っていた。それが「仁義なき」で一緒に組むことになるのだから、運命は分からない。

　笠原さんは「仁義なき」の監督として工藤栄一を考えていたという。東映でリアルな群衆劇を撮れるのは彼しかいない、という考えである。笠原さんにはそもそも深作という選択肢がなかったのである。

　ところが、俊藤さんが候補として挙げたのが深作だった。ついちょっと前に撮った「人斬り与太　狂犬三兄弟」（一九七二年）がとてもよかった、という理由である。私も俊藤説に乗り気で、先に「ジャコ萬と鉄」以来、深作にはとても大きな魅力と実力を感じていた。

　笠原さんはあとになって、自分の不明を著書で詫びている。深作の実力を見誤った、と認めたのである。

＊18　きたおおじきんや（1943年～）「千曲川絶唱」「八甲田山」「南十字星」などに出演。
＊19　フランシス・フォード・コッポラ（1939年～）「カンバセーション」「ペギー・スーの結婚」などを監督。

＊作さんと文太の必然の出会い

先に映画会社には色濃い血が流れていると書いたが、ある意味、東映が「仁義なき戦い」に入っていくのは必然だったといえる。つくり物の時代劇からもっとリアルな任侠映画に軸足を移した段階で、すでにその路線が始まっていたとさえいえる。

少しデータを整理すると、「日本侠客伝」が一九六四年に始まり、だいたい年に二作のペースでつくり、六八年の八作目「絶縁状」からは年一作になり七一年に一一作で終焉を迎えている。

その間に、「昭和残侠伝」（一九六五～一九七二年）シリーズ九作が始まっているので、年に二、三作は健さん主演の同じような映画が劇場にかかっていたことになる。それに六五年から「網走番外地」シリーズが始まって七二年まで一八本続く。健さんは六四年から七二年までの九年間に三シリーズ合計で三八本に出ている。

任侠映画が下火になれば、次に向から先は、もっとリアルな世界、となるのは目に見えている。しかし、突然、その世界に方向転換できるわけではない。助走の時間が要る。

私は、営々とその下準備をしたのが深作であり、文太なのではないかと思うのである。これを単なる後付けの考えという人がいるかもしれないが、ではなぜわれわれは作さんと文ちゃんをセットで選んだのか。それは偶然に過ぎなかったのか。

文ちゃんの出た映画は、前にも述べたように、どれも様式美で収まるようなものではなかった。

先に「まむしの兄弟」を陰惨な映画といったが、町に放たれた野獣が行き当たりばったり、好き勝手に生きていく様が描かれている。彼らに多少の感情移入ができるとすれば、組織に属さず、自分たちの力だけで生きていこうとするところだろうか。

おそらくこの条件を欠けば、観客にそっぽを向かれること必定である。そういうぎりぎりの条件のヒーローを演じていたのが文太なのである。

じつは文太は深作と組んで二つの「人斬り与太」を、それも同年に撮っている。一つは「現代やくざ」シリーズでその名も「人斬り与太」(一九七二年)、もう一つは「人斬り与太狂犬三兄弟」である。後者を前者のスピンアウトととらえることもできるだろう。

「現代やくざ」は、非常にスピーディな始まり方をする。ソープで女の取り合いから、与太が相手の顔に切りつけたところで、ストップモーションである。その突然の感じが新鮮でさえある。

刑務所に入っても、与太の反抗は止まらない。房内をしきる連中をたたきのめす与太。次は服役を終えて、地場に戻ってきて、またソープのシーン。チンピラに襲われるが、いとも簡単に撃退する。小池朝雄[*20]がその与太の力を見込んで、二人でのし上がっていこうと誘い、劇が進行していく。あとは、組織とのいざこざがあれこれ繰り返され、自分の属する組も体裁が整ってくると、与太はどこにも居場所がないという思いにとらわれる。

カメラは男たちの動きに合わせて揺れ動く。暴力の応酬が繰り返される。怖くて自分で指を詰められない男たちの生態も描き込まれる……ラストシーンは文太が拳銃で蜂の巣にされてジ・エンドである。

なんだか「仁義なき戦い」の与太篇を見ているようだ。実話と銘打っていないだけで、主人公の心理や、映像の撮り方など、かなり「仁義なき」と近接したものを感じることができる。

深作の名誉のためにも、彼が「現代やくざ　人斬り与太」で見せた映像美についても触れておこう。

かつて自分が手込めにした女（渚まゆみ[*21]）の部屋にやってきた文太。返事をしろ、と蒲団を引きはがすと、女が全裸でドスを抱え込んで、くの字に向こうを向いている。

ちぇっ面白くねぇや、と文太が仰向けになると、電車が走る音がして窓に明かりが小さく明滅し、その光が二人に降り注ぐ。さらに、俯瞰となって、文太もくの字に右を向く。二人の身体が釘のように曲がって、逆に向き合っている、と思ってもらえればいい。その絵の見事なこと！

では、「狂犬三兄弟」の方はどうか。

組のためにムショに入った文太が六年経って娑婆に出てくると、しのぎの世界には警察の目が光って、敵対同士でさえ派手に喧嘩のできない世の中になっている。文ちゃん、田中邦衛[*22]、そして三谷昇[*23]（「現代やくざ　人斬り与太」でも不気味な役をやっている）が組織のはぐれ者として、三人で売春強要、恐喝などで稼ぎを上げていく様子が描かれる。それは、自分の組にも敵対する組にも刃向かう越権行為になる。最後は、文太は自分の親分を殺すことになる。その親分は任侠のかけらもなく、単に経済合理性とパワーバランスだけで生きてい

＊20　こいけあさお（1931〜1985年）「非行少女」「徳川いれずみ師 責め地獄」「ある殺し屋」などに出演。
＊21　なぎさまゆみ（1944年〜）「座頭市あばれ凧」「眠狂四郎女地獄」「秘録おんな牢」などに出演。
＊22　たなかくにえ（1932年〜）「若大将」シリーズ、「居酒屋兆治」「学校」などに出演。
＊23　みたにのぼる（1932年〜）「どですかでん」「獄門島」「ミンボーの女」などに出演。

る。

喧嘩の場面では、カメラが揺れる。足もとから顔を映す逆さまの映像まである。文太と今井健二が雨が降り込む泥沼のなかで生死をかけて戦うシーンは見応えがある。困ると屑拾いの親（菅井きん）[*24]に金をせびる田中邦衛は、最後、足の悪い弟に仏像のミニチュア（母親が浄土真宗の熱心な信者で、仏具として使っているもの）で殴り殺される。

狂犬三兄弟に感情移入できるとすれば、最後まで親分を信じようとする古いモラルと、仲間のためなら進んで死地に飛び込んでいこうとする姿勢である。散々な悪をやっているので、それで釣り合いがとれるものでもないが。

この二作、やはり技術的にも、内容的にも「仁義なき戦い」を準備した映画と言えるだろう。もし東映に深作なく、文太なくば、「仁義なき戦い」の華は咲いただろうか。

そして、その後、「仁義なき」の亜流が他社から出なかったことを見れば、いかにあの映画が東映の血から生まれたかが分かる。

3　リアリティのさらなる追求

＊ある男の手記

これからごく簡単に「仁義なき戦い」が出来上がっていった経緯を説明しようと思う。前著にも記したことなので気が引けるのだが、抜かすわけにもいかないだろう。もう一つ、この映画の生みの親に関して諸説が言われているようなので、念のために本当のところを押さえておきたいのである。これはプロデューサー日下部の転機にもなった映画だからである。

「仁義なき戦い」は、作家飯干晃一《いいぼしこういち》さんが「週刊サンケイ」に連載したものがもとになっていることは、よく知られている。その作品そのものが、美能幸三《みのうこうぞう》という人間が獄中で記した長大な手記がもとになっていることも、周知のことかもしれない。

当時、私は飯干さんの『オトリ捜査』というノンフィクションを読んでいて、ヤクザ組織

＊24　すがいきん（1926年〜）「愛のお荷物」「どですかでん」「ぼくのおばあちゃん」などに出演。

に潜入する麻薬Gメンを渡哲也[*25]でやろうと考え、著作権の交渉に、脚本の笠原さんと大阪・千里の飯干さんのご自宅に伺った。

いろいろ話を聞かせていただいたあとで、「こんな手記があるんだけど」と見せられたのが、広島抗争で刑務所に入っていた美能幸三の原稿で、飯干さんはそれを

「仁義なき戦い」

「週刊サンケイ」に連載するという。

しばらく経って、「仁義なき戦い」というタイトルで、先の手記をもとにした飯干さんの連載が始まった。そこには、裏切り、欲望といった、人間の赤裸々な姿がこれでもかと描かれていて、私はすぐに、これはいい、映画向きだと判断した。

東映の任侠路線も、健さんの不振、藤純子引退で、憑きものが落ちたように、客足が遠のいていった。内部にいる人間は、焼けたトタン屋根の上の猫の心境である。じっと両足をつけていたいが、すぐに熱くなってその余裕がない。

企画部長の渡邊達人さんの企画による「十三人の刺客」という傑作が生み出されたが、それが続編、そして再続編を誘うようなことはなかった。あまり立派な作品ができると、あと

が続きにくいということはあるかもしれない。

ただ、「十三人の刺客」の模索の方向性は間違ってはいなかったのである。群衆劇の面白さを、その映画は遺憾なく発揮した。そして、それは「忠臣蔵」ではなくて、一人ひとりのキャラが立つ「七人の侍」の方向性だったのである。

＊文房具屋の二階で

飯干さんの了解が取れても、主人公の納得がなければ、映画化は不可能である。美能さんが呉にいることは分かっても、その先が分からない。いろいろなツテを使っても、居場所が分からないということは、美能さんが身の危険を感じて、まだ身を隠しているということである。実際、やつが出てきたらやっつけてやるという人が周辺に一杯いた。

私はたまたま「人間魚雷　あゝ回天特別攻撃隊」（一九六八年）のロケを江田島でやったことがあった。そこには遊ぶところがないので、宣伝の連中は呉へくり出し、あるスナックに入り浸った。

＊25　わたりてつや（1941年〜）「東京流れ者」「無頼」シリーズ、「仁義の墓場」「時雨の記」などに出演。

ちょっと色黒で、気前のいい、歌のうまいママがいる「蘭」という店である。私は三晩通い詰めて、帰りにはみやげものまで貰うほどになった。

それを思い出して顔を出して、美能という男に会いたくて呉に来ていると言うと、

「美能さんなら知っているよ。私の兄と同じ職業だから」

と言うのである。そこからはとんとん拍子に話が進んで、彼女の兄さんが、美能さんを紹介してくれることになった。

笠原さんと一緒に、そのへんの文房具屋の二階で会って、映画化の件をお願いした。やはりまだ内部に火が燻っているような話なので、美能さんはオーケーを出さない。ただ、山口組と勝手に手を結んだとか、敵対する組に頼み込んで入ったなど、自分のやったことがねじ曲げられて世間に流布していることが我慢ならず、その手記を獄中で書き上げた美能さんには、心底を言えば、広く世間に認められたい、という気持ちがあったのだろうと思う。

そこが、われわれの指先が掛かった、ぎりぎりの接点であった。

突破口は笠原さんだった。彼は広島の大竹海兵団にいたことがあって、話をしているうちに、美能さんもそこにいたことが分かった。お互いに上官に殴られ、蹴られた話に興がのった。もちろん、私も、美能さんの話は広く知られるべきだ、と口説きに口説いた。

そのあと、四、五回は説得を試みただろうか。飯干さんが同席したこともあるし、「週刊サンケイ」編集長の神谷さんが来たこともあった（映画化されれば本が売れるので）。呉の駅前に小汚いホテルがあって、そこに一週間ほど泊まって、交渉したことを思い出す。原作料は一〇〇万円で落とそうと思っていたのだが、東京本社のデスクの課長がそれを使い込むというヘボ筋の話までおまけに付いてきた。われわれが雁首を揃え、必死になって説得するほどに、美能さんに足もとを見られて、どんどん原作料がつり上がっていった。最終的には四〇〇万でケリを付けたのではなかっただろうか。

当時、美能さんも相当経済的に苦しく、冠婚葬祭のごく小さな衣装屋をやっていたが、やくざ者がやっている商売なので、誰も寄りつかない。しまいに彼の会社を一千万で買ってくれ、と言い出した。「私にそんな権限はない」とかなんとか言ってごまかした。

美能さんは親が学校の先生だけあって、非常にクレバーな人で、後年、事業を発展させて、奥さんに呉で最大のホテルを経営させるまでになった。私も何回か泊まっているし、そのオープンのときに松方弘樹[*26]や西川（仁支川）峰子[*27]などを引き連れてお祝いをした。

＊26　まつかたひろき（1942年〜）「天下の御意見番」「真田幸村の謀略」「修羅の群れ」などに出演。

大きなヨットを持っていて、自分で操縦して宮島の沖まで連れて行ってくれたこともあった。

美能さんの同僚が広島の共政会の大幹部になっていたので、問題が起きないように、いろいろと挨拶回りをしておいた。そういうところを押さえておかないと、こちらの狙った映画がつくれないのである。私はそういう面では、非常に慎重だった。

あるとき、共政会と美能さんのあいだに入っていた男が、ビルから飛び降り自殺したことがあった。私も世話になった人で、非常に驚いた。大変いい男で、東京へ行くと銀座のクラブ「姫」などで豪遊をしていた。その人は菅原通済《つうさい》さんの子分だった。いまの人は知らないかもしれないが、菅原さんは麻薬撲滅運動をやった文化人で、鎌倉にひと山自分の敷地をもっていた。通済さんは宝石の収集家としても有名だった。

＊広島弁のシェイクスピア

脚本の笠原さんが作さんと組むのを嫌がった話は、すでに触れた。東映で育った脚本家の笠原さんである。自分のホンがいじられることにそれほど神経質だったわけでもないはずだ。作さんはその程度をはるかに超えていたということだろう。

笠原さんの家を訪ねたことがあるが、奥さんの話では、ホンを書くときは、暗室のように窓に覆いをかけるそうである。旅館に籠もっているときも、血を絞り出すようにして、話をつくり上げていく様を見ている私とすれば、笠原さんの作さん嫌いも分かろうというものである。

しかし、製作者である俊藤さんが「作さんで是非」と言えば、笠原さんも従うしかない。そのかわり「一字一句変えないなら」という条件を付けた。

まさかその条件を飲むと思っていなかった深作が、電話を直接掛けてきて、「ぜひやらせてほしい。あれは傑作だ。俺以外に撮れるやつはいない」と言ったという。

それだけ笠原さんのホンの出来がよかったのである。それは私も含めて、スタッフ一同の共通の思いで、すごいホンができたぞ、と所内で話題になった。

笠原さんは広島弁を駆使してあのホンを書いたわけだが、彼は一度、聞くと、その言葉の癖を飲み込んでしまうという。私は前著でそれを「広島弁のシェイクスピア」と表現した。とにかく台詞にテンポがあって、見事に展開していくのである。彼はホンを書くときに、実

*27　にしかわみねこ（1958年〜）「肉体の門」「極道の妻《おんな》たち　三代目姐」「新極道の妻たち　惚れたら地獄」などに出演。

際に声に出しながら、文字に落とし込んでいく方法を採った。採ったというより、無意識にそうしていたのだと思う。だから、言葉が生きて動いているのである。

次のようなものはどうだろう。かなり人口に膾炙《かいしゃ》した言葉ではないだろうか。

「おやじさん、言うとってあげるが、あんたは初めからわしらあ担いどる神輿《みこし》じゃないの。組がここまでなるのに、誰が血流しとるんや。神輿が勝手に歩けるいうんなら歩いてみないや、のう！」

笠原さんは社内試写でも深作の出来に不満だったという。確とした理由は分からないが、広能（美能幸三の劇中の名前）という予科練帰りが広島でのし上がっていく様子がしっかり描かれていないということだったのかもしれない。笠原さんが抱いていた戦中派の苦い思いみたいなものが欠けている、と感じたのかもしれない。作さんは明らかに戦後派の気分で押し通そうとしていて、そこに脚本家との齟齬があったのかもしれない。

しかし、劇場で観客の反応を見て、笠原さんもついに深作の演出に脱帽することになる。

誰を主役にするかということに関しては、あまりゴタゴタがあったという思いがない。俊藤さんのくびきから離れるために、私は一時渡哲也をと考えたが、彼はあいにく肺を壊して入院中だった。「週刊サンケイ」の連載を読んで、自分を売り込んでいた文ちゃんに、美能、つまり広能役はすんなり決まった。松方弘樹をという話もあったと言う人もいるが、私にはその記憶がない。

先に述べたように、文ちゃんの軌跡を見てくれれば、このホンの広能役は彼に決まりなのである。

先に社内試写の評判を書いたが、われわれは本当に茫然自失するぐらいびっくりした。深作というのは、なんとすごい映画を撮るやつだろう、と思った。主役が生き生きしているのはもちろんだが、ほかの人間もみんな輝いている。カメラの枠からはみ出すのではないかというぐらい、目立とう精神で演じている。

「七人の侍」は際立った個性の集団劇だが、この「仁義なき戦い」も俳優それぞれの個性が光り輝く集団劇である。東映の劇は任侠映画を含めてスターシステムでやってきたが、ここに来て、まったく違ったものができ上がったのである（ただし、「七人の侍」のように、個性が集まって共通の敵をやっつけるというふうにはならなかった。あるまとまりのあった個性集団が、どんどん分裂していくという、逆「七人の侍」になったと言えるかもしれない）。

試写が終わり、企画部長の渡邊さんが手を差し出して、「おめでとう、映画史に残るよ」と言ってくれたのをはっきりと覚えている。ドキッとしたのは、「もう任侠映画は撮れなくなる」のひと言である。私に脚本の読み方、つくり方などを教えてくれたその人の言葉だけに、いまだに耳底にくっきりと残っている。

＊文太とのいざこざ

文ちゃんは、この映画の大ヒットで、それこそスターダムにのしあがったが、だからといって、おごり高ぶることは一切なかった。

私はそこに、繰り返しになるが、彼の苦労人の姿を見るのである。所詮人気商売、苦汁を嘗めたそれまでの自分と変わるものではない、といった諦念に似た思いがあったのではないだろうか。

彼はのちに役者稼業引退を宣言したことがあるが、それを見ても、彼は人気商売という虚像とは距離を置くことができた人だったと思う。

役者のなかにはときに勘違いをして、ヒットが出ると、偉そうな態度を露骨に表す輩がいるが、少なくとも私の映画につねに関わってくれた人たちに、そういう驕った人物はいなかった（と思いたい）。

だから、次作「広島死闘篇」で、文ちゃんが出ない、と言ってごねたという話は、彼の本心から出たものではない、と信じている。おそらく俊藤さんが、自分の時代の終わりを敏感に感じ取って、少々、いたずらをしてやろうと考えた程度だったのではないだろうか。

文ちゃんにすれば、俊藤さんの命令であれば、従うしかない。まして、せっかく掴んだ大役である。自分から降板を言い出す理由がないのである。結局、彼は出演した。

「仁義なき戦い」は俊藤さんとの連名だが、次作からは私の一本立ちとなった。俊藤さんは機を見るに敏な人だから、「これは全部、五朗がやってきたんだから、一本（一人の名前）でいいよ」と言ってくれた。

もう少しあとで、「北陸代理戦争」（一九七七年）の主役に文ちゃんを決めて、プロデューサーは先輩橋本慶一に譲ったが、文ちゃんに交渉しても埒が明かない、ということがあった。

「トラック野郎　御意見無用」

先輩は私に説得役を頼んできた。

文ちゃんは何本目かの「トラック野郎」の打ち上げのゴルフコンペで、伊豆にいるという。さっそく宿泊している熱川のホテルまで出かけて、宴会の終わるのを待ったが、最後まで顔を出さなかった。

私は、これは無理だと判断して、どこも宿が一杯だったので、橋本さんと男二人で連れ込みホテルに泊まった。

彼が「トラック野郎」でウケに入って、多少はのぼせ上がった点があったかもしれないが、やはり健さんと同じ病だったのではないか、と私は思う。似たような映画の連続で、まだ続けるのか、ということだったのではないか。それを直接に私に言うことができないので、姿をくらましたままにしておいた方がいい、という判断だったのだろう。最終的に、主役は文ちゃんを断念して松方でいくことにした。

これには続きの話があって、「鬼龍院花子の生涯」(一九八二年)の大ヒットを受けて「陽暉楼」(一九八三年)を撮ることになった。しかし、仲代さんが脚本を見て、「この女衒《ぜげん》はできない」と断ってきた。五社英雄[*28]監督は、しきりに文太にしてくれ、と言ってくる。私も前の一件があるので意固地になっていて、文太を避けて、緒形拳で行くことにした。これはプロデューサー心理としては当然である。

しかし、あのとき、文太を起用していれば、スターとしてまたカムバックできたかもしれないと思うことがある。遺恨があったのではない。私がひがんでいたのである。「なぜあのとき、俺を無視したんだ」と。

その後、文ちゃんとはきれいに仲直りし、「息子を使ってくれよ」と頼まれることもあった。ちょっと血圧が高いと漢方薬を送ってくれることもあった。実際、彼の息子を私の映画に起用している。

＊すぐに二匹目のドジョウを

「仁義なき」は社内試写のあと、立て続けにマスコミ向けの試写会を催した。全国の興行関係の記者や映画評論家から、これはすごいぞ、と口コミで評判が広がっていった。東京の本社では毎日、ほぼ二週間近く、試写をやった。

「仁義なき戦い」が封切られたころ、私は会社の許可を得て、生まれて初めてロサンゼルスに息抜き旅行をしていた。気になって現地から電話を掛けると、「溢れんばかりに客が入っている」という興奮した答えが返ってきた。

旅の空の下にいるこちらからすると、何が起きているんだろう、と不思議な思いがした。たしかに前評判は高かったが、興行は水もの。実際に蓋を開けてみなくては、お客さんの反応は分からない。

＊28　ごしゃひでお（1929～1992年）「人斬り」「雲霧仁左衛門」「吉原炎上」などを監督。

封切りは正月で、アメリカから帰って、すでに一〇日近くが経っていた。もちろん、柳の下にドジョウは二匹でも三匹でもいるという考えの岡田だから、続編をつくることはもう決まっていた。続編をつくって、前の三分の一でも入れれば、儲けになるという判断をする。

私がいまだに分からないのは、お客さんがいい映画を嗅ぎ当てる時の嗅覚である。「仁義なき」だって、それほど宣伝をかけたわけではない。いまと違って、テレビでガンガン前宣伝を煽るというようなことはやっていない。のちにつくる「鬼龍院花子の生涯」や「柳生一族の陰謀」(一九七八年)にしても、事情は同じである。どこで観客は、これは自分を楽しませてくれる映画だと感じ取るのだろうか。

お客さんが封切り前の映画に触れるのは、予告編とポスターぐらいしかない。新聞の映画評を見るのはごく一部の人間で、まして東映の映画を論評する新聞などほとんどない。あってスポーツ紙、タブロイド紙ぐらいなもの。

封切ったあとであれば、断然、口コミの効果が大きい。テレビで、映画を見た人の感想を宣伝に使っているが、あれは観客が口コミで動くことを知ってやっているのである。「あの映画、面白かった」「すごかった」と観客に言わせたら、こちらの勝ちである。

意外なことに、「仁義なき戦い」の配給収入は、その評判ほど数字を挙げているわけではない。一作目が五・七億円、二作目「広島死闘篇」四・八億円、三作目「代理戦争」四・九億円、四作目「頂上作戦」で三億、五作目「完結篇」で三・七億円である。

「仁義なき戦い」と同年に封切られた「山口組三代目」は九・五億円も稼いでいるし、同じ時期の「寅さん」は二〇作ぐらいまで来ていて、まだ一〇億円の数字を弾きだしている。

ちなみに、私が一番稼いだのは「柳生一族の陰謀」で一六億円超。

東撮の添え物の場合、予算も三分の一ぐらいに圧縮される。当然、長さ（尺）も短くなる。

次々、続編をつくって、どの辺でシリーズ打ち切りになるかというと、これはもうだめだ、前ほどいくわけがない、という数字が出たときである。「仁義なき」でいえば、「頂上作戦」で赤信号が点っている。次で終わりにしよう、となって、最後の作品には少しお客さんが増える傾向がある。

文ちゃんのシリーズでいえば「トラック野郎」の方が概して成績がいい。配収で一〇億円超を稼ぎ出しているものが結構ある（一九七六年「トラック野郎　天下御免」が一二・八億円で最高）。

「仁義なき」は衝撃的な作品だが、話自体は陰惨である。殺し殺され、裏切り裏切られのやくざの世界である。美学やロマンとは無縁な、ざらざらした後味の悪い映画である。

本来、マキノイズムからいえば、度外れた世界なのである。「仁義なき」と「トラック野郎」の成績の違いは、その点にあるといっていいだろう。

松竹の「寅さん」シリーズは、アッと言わせたり、ハラハラドキドキさせるものではない。じわっと笑わせて、じわっと泣かせるものである。気軽に見ることができて、正月とお盆の年中行事のように映画館に足を運ぶのである。

東映の映画には、良きにつけ悪しきにつけ、衝撃がある。それを味わいたくて観客は映画館の暗闇に身を潜めるのだが、刺激が強いぶん、飽きられるのも早いのである。任侠映画と比べても、実録物は格段に情念が濃い。

＊抜群の配役

先に「人斬り与太　狂犬三兄弟」に触れたが、あそこに村井組組長として内田朝雄[*29]が登場する。組同士のいさかいを止めるのに、敵方に現金を持っていくような親分である。こういう情けない、一方で経済合理性をもってしぶとく生きる人間を親分にもつと、純な子分であればあるほど生きづらい。その親分と子分の関係をもっと掘り下げたのが、「仁義なき戦い」の山守組組長の金子信雄[*30]と彼に利用し尽くされる文太である。

金子信雄はそのころ病気をしていて、一時は出演を断念したようだが、台本を読み込んで、これは自分の役だと志願してきた。卑屈でありながら傲岸不遜という、ねじくれた役を十二分にこなしている。そのヌエのような旦那を補佐するのが、妻役の木村俊恵。[*31] ふがいない夫を守る妻のような顔をしながら、夫の計算ずくの演技に付き合っているというしたたかな演技をしている。

深作の演出では二点、挙げておこう。一つは、あの有名な美能の指詰め、いわゆる〝エンコ詰め〟の場面である（実際、美能さんは左手をいつも隠していた）。文太が切り方が分からない、というと、木村俊恵が「私は一度、見たことがある」と落ち着いた顔で、しゃしゃり出てくる。まるでニンジンでも切るような感じである。包丁に身体を乗せるように切るんだといわれて、文太がエイッとやると、指がどこかに飛んで見えなくなる。あわてて舎弟たちが探し回ると、狭い庭に設置された鶏小屋に落ちていた、という設定である。危ないとこ

＊29　うちだあさお（1920〜1996年）「兵隊やくざ」「やくざ刑事」シリーズ、「トラ・トラ・トラ！」などに出演。
＊30　かねこのぶお（1923〜1995年）「真空地帯」「嵐を呼ぶ男」「夜の鼓」などに出演。
＊31　きむらとしえ（1935〜1974年）「三匹の侍」「とべない沈黙」などに出演。

ろで鶏の餌になるところだった、というコメディに仕立てている。

笠原さんの脚本では、指が飛んで、それを探した、といった設定にしかなっていない。そこに鶏を配した深作のアイデアに驚くのである。

あるいは、松方演じる坂井が最後に殺《や》られるシーン。脚本には、おもちゃ屋に寄る坂井、としか書いていない。ところが、深作は吊り下げ型のガラガラの陰に坂井を撮るショットにしている。坂井は殺された舎弟の女を妻にして、赤子が生まれたばかりという設定なので、この場面がとても切なく迫ってくる。やはり見事というしかない。脚本を読んで、どんな絵になるか楽しみでしょうがないのが深作であり、五社英雄である。どちらも私が尊敬する監督であるし、自分が演出の道に進まなくてよかったと脱帽する二人である。

＊猛烈な制作本数

私は正直、「仁義なき」が歴史に残る映画とは考えたことがなかった。企画部長の渡邊さんの的確な判断はあったが、まさかその通りになるなんて、といまでも思うことがある。ショッキングな演出だし、あれだけスピーディな、テンポのいい映画は見たことがなかった。目をつぶったら、もう違うシーンに移っていて、脈絡が追えないぐらい早い展開をしている。

あの感じは、深作以外の監督にはないものである。

カメラマンは吉田貞次さんで、満映（満州映画協会。これについてはあとで触れる）から帰ってきて、東映で時代劇をたくさん撮った人である。新種の手持ちカメラを東映で初めて使った人でもある。それまでは重いカメラを振っていたわけだが、吉田さんはより軽量なもので、動きのある写真をつくり上げた。

かつて、黒澤さんの「羅生門」の山道の映像が、カメラが動きながらブレないので評判になったことがある。黒澤さんの絵はどっしりとフィックスしているけれど、深作のものはは み出したり、逆さまになったり、せわしない。

「仁義なき」の名声が高まったのは、深作が最期まで見せた映画への妄執が、人の心を打ったことも影響しているのではないだろうか。世界の映画人のなかでタランティーノ[*32]のような監督が深作へのリスペクトを隠さない、ということも、好影響を与えただろう。のちに「蒲田行進曲」（一九八二年）という名作を演出したことも大きい。

時間が経つにつれてその価値を増してきているのが「仁義なき戦い」である。

＊32　クエティン・タランティーノ（1963年〜）「レザボア・ドッグス」「パルプ・フィクション」「キル・ビル」などを監督。

ただし、銘記しておきたいのは、これだけの「名作」が非常に短期間につくられたということである。七三年に仁義なき戦い、広島死闘篇、代理戦争、七四年に頂上作戦、完結篇、新仁義なき戦い、七五年に組長の首、七六年に組長最後の日、である。

生き急いだのか、死に急いだのか分からないが、わが事ながら、猛烈なつくり方をしたものである。

＊人間的な深みを増した

東映は製作本数が少なくなったとはいえ、年に四本弱を撮っていたが、「仁義なき」のあとぐらいから、さらに本数を減らしていった。私の企画の「やくざ戦争　日本の首領」が、東映で初めての一本立てである（一九七七年一月公開）。

映画はおかげさまでヒットしたが、製作本数を減らす先兵となったこともたしかで、手放しで喜べない心境だった。

文ちゃんは「仁義なき」のあと「トラック野郎」の人気で東映を担う名実ともにトップの役者さんになっていったが、「トラック野郎」以後は脇役を抜かせば、年に二、三本とペースダウンした。

私は前述のように「青春の門」が彼との最後の仕事になったが、いつしか有機農業を実践しているとか、反原発の運動をしている、といった断片的な情報が入ってくるようになった。彼はＮＨＫの大河ドラマ「獅子の時代」で待遇改善を要求して大げんかになるなど、骨っぽいところを見せていた。

なにか年齢を重ねるほどに人間的な深みを増した人、それが文ちゃんのイメージである。

第三章

一スジ、二ヌケ、三ドウサ——私の愛した脚本家、監督、俳優

1　京都に映画人あり

＊リュミエールと同窓生

京都は日本映画の発祥の地と言われている。いま木屋町にある立誠シネマは元・立誠小学校を利用したものだが、そこに銘板があって、京都映画発祥の由来が書かれている。

映画の創始者リュミエール兄弟と大学が同窓の人物がいて、その縁で日本で初めてシネマトグラフが同地で映写されたという。

京都御所の西側に千本通がある。そこはかつて歓楽街で、遊郭や映画館が並んだ賑やかな場所だった。背後に織物の西陣があるから、その関係者が最大のスポンサーだったのだろう。水上勉さんの『五番町夕霧楼』は千本の北側のあたりの遊郭を舞台にした物語である。

千本の東側は興行街で、映画館や芝居小屋がたくさんあった。有名なキャバレーもあった。大映の永田雅一、マキノ雅広さんはあの辺で生まれている。そのちょっと北に行くと、大市という日本一のすっぽん料理屋がある。私も三、四回、行ったことがあり、瀬戸内寂聴さんなどを見かけたことがある。政財界の大物がしょっちゅう来る店でもある。

いまはものすごく高い値段を取る。すっぽんは土鍋で炊くのだが、これがうまい。土鍋の底が真っ赤になるほどにして炊く。すっぽんはスープが美味しい。それでおじやをつくると、絶品である。

小さな壊れかけたような店だが、いまだに客足が絶えない。黒澤明さんもファンで、食べ終わって、「ようし精が付いたぞ、今日は一発いけるぞ」と言っていたという話を聞いたことがある。

黒澤さんは、大映の太秦で「羅生門」（一九五〇年）の大きなセットを西大路につくって撮影していた関係で、京都によく来ていたのである（ほかに「静かなる決闘」も大映で撮っている）。

太秦には東映、松竹、大映の撮影所があり、東洋一とうたわれていた。太秦の北に鳴滝《なるたき》という地名があるが、映画関係で稲垣浩、[*1]比佐芳武[*2]が住んでいた。その近く仁和寺《にんなじ》の前あたりには溝口健二、[*3]伊藤大輔[*4]の住まいがあった。

＊1　いながきひろし（1905～1980年）「宮本武蔵」三部作、「無法松の一生」「手をつなぐ子等」などを監督。

このあたりには、時代劇のスターも住んでいて、京都の西北は映画の都ということができる。

立誠小学校は中村玉緒[*5]さんが出た小学校で、学校の横をちょっと入った角に玉緒さんの家があった。

中島貞夫が、いま京都映画祭の中心的な役割を担っている。彼だけが京都映画人として獅子奮迅の働きをしている。

もっと古い話をすれば、松竹創業の大谷家は新京極あたりが発祥の地。あのへんの芝居小屋の出身である。

京都は歴史的な経緯もあって、松竹系が根を下ろしている。四条大橋のたもとにある南座は松竹の持ち物。白井松次郎という人が創業者の一人である。

東京は歌舞伎、人形浄瑠璃、ともに隆盛と聞くが、発祥である大阪の方は人気がいまいちである。お笑いにしても、東京に行った方が、はるかに人を集めることができる。東西のこのギャップは埋めがたいものになっているのではないか。

いまはどうだか知らないが、これだけ映画と深い関係がありながら、京都の財界人は映画の振興にあまり関心を寄せてこなかった感じがする。

＊コネなし入社

私が東映に入って、京都に来たのが一九五七年のこと。

その年は就職難で、映像関係であれば、どこでもいいから入りたいという気持ちだった。多くの時代劇スターを抱えていた東映にまさに我が世の春がやってきたころである。

東映はいまでいうと、フジテレビやＴＢＳに入るより難しかった。私は日活も受けたが、採ってもらえなかった。中日新聞は一次試験だけ通っている。当時のテレビ局はＮＨＫと日テレだけで、まだ準キー局はなかった。

第一志望が東映だから、そこに受かったとなれば、ほかに行く気はしなかった。憧れの会社から合格の連絡が来たときは、本当に嬉しかった。

東映になぜ入れたかは、いまだに謎である。というのは、ほかの人間にぶら下がっている

＊2　ひさよしたけ（１９０４〜１９８１年）「月形半平太」「鍔鳴浪人」「悪魔が来りて笛を吹く」などの脚本を執筆。
＊3　みぞぐちけんじ（１８９８〜１９５６年）「浪華悲歌」「雨月物語」「山椒大夫」「赤線地帯」などを監督。
＊4　いとうだいすけ（１８９８〜１９８１年）「一殺多生剣」「斬人斬馬剣」「王将」などを監督。
＊5　なかむらたまお（１９３９年〜）「大菩薩峠」「悪名」シリーズ、「岸壁の母」などに出演。

札を見れば、自分だけ場違いなことはすぐ分かったからである。

採用は事務職、技術職、芸術職の三枠で、脚本家、監督、プロデューサー志望は芸術職である。三枠ひとまとめに採り、あとで面接や作文などで振り分ける仕組みになっていた。出題は「自分の母親」とか「親」とか、そういったもので、四〇〇字詰めで三、四枚だったように思う。

京都組は、佐伯明が東大仏文出身、親父の佐伯孝夫は有名な作詞家で、東映の社歌までつくっている。本田達男も東大出身で、当時、製作課長だった岡田が東大出身ということもあって、佐伯、本田は助監督に回された（二人共のちにプロデューサーに）。もう一人、山内鉄也という、テレビで「水戸黄門」「江戸を斬る」「大岡越前」などを撮った監督がいたが、彼のおじさんは『富士に立つ影』を書いた白井喬二である。「富士に〜」は東映で映画にしている。山内は中央大の経済である。

当時の社長大川博は新潟出身なので、優先的に同郷の人間を採っていた。あと長州閥、下関とか田布施など山口県の出身者も多かった。

私にはこれらのコネがまったくなかった。まして、東大ではない。岡田は、私の図体を見て、プロデューサーにと割り当てた。プロデューサー業は体力を使う製作進行から出発するので、頑健一途な奴を充てておけ、とでも考えたのだろう。

同期の降旗は東京大泉の撮影所（東撮）に回された。彼は東大仏文で、親父は松本市長、逓信大臣を経験している政界の大立者だ。

彼は東撮で高倉健と懇意になり、生涯に二〇本、二人でタッグを組んで作品をつくっている。健さんはニューフェイスで東映に入ってきて、これから売り出すというときの同窓的な感覚で、降旗と付き合ったのではないかと思う。先に記したように、降旗は無類に人のいい奴で、健さんのような気難しい役者さんの心にもすっと入っていけたのだろう。

面接が終わって、東京の寮に三カ月入れられ、撮影所の見学をさせられたり、新宿東映とか浅草東映などの映画館で呼び込みをやらされた。朝から、「はいいらっしゃい、いらっしゃい、まだ空いてます、どうぞ」と、まるでストリップ劇場の呼び込みみたいなもの。

その三カ月も足早に過ぎ、いよいよ京都撮影所に行くことになった。東撮は現代物が中心で、京都撮影所（京撮）の添え物的な扱いの映画が多かった。なにしろ時代劇のトップスターが京都に君臨していたのだから。

＊進行の仕事

東映入社の一九五七年、邦画の観客動員数は一二億人に達しようかという盛況を呈した。東映もその一翼を大いに担ったわけだが、撮影所のなかはまるで煮立った釜のような状態で、落ち着いている時間がない。

止まっている人間ははじき飛ばされ、立っている人間はつっ転ばされる、という状態で、連日徹夜の作業が続いた。

ガンガンを使って壁紙を貼る話は先に書いたが、本来、美術がやるべきことでも、人手が足りないので、何でも屋の進行が手助けすることになる。ガンガンの火を熾し、お茶を淹れ、弁当を配り、モップで床を拭き、スターさんに「出番です」と声をかけに行く。ロケの天気に気を配り、駆り出したエキストラと馬の数を確認し、人間用の弁当の数も合わせておく。

話によっては馬が六〇～七〇頭は必要で、一日一万円のレンタル料がかかった。馬に乗る人、馬を引っ張る人、どっちも同じ日当で、「馬に人が付いている」と言っていた。

弁当代がばかにならず、誰でも彼でもひもじくなれば、ものを食べないとならない。一個四〇〇～五〇〇円で、掛ける人数分だから、大きな映画になるとたいへんである。

＊夜の一〇時、一一時の作業

スターさんは自分の撮り分が終われば、定時にすっと帰ることができるが、こちらはずっと張り付いているのが仕事だから、簡単には帰れない。市川右太衛門さんはたいへんわがままなスターさんで、臍をまげられないように、そっちの気遣いもある。それに比べて片岡千恵蔵さんはみんなと同じ弁当を食べても平気な人で、ところかまわず腰を下ろしていた。

千恵さんは任侠映画や「十三人の刺客」など、のちのちまで東映の映画を支えたスターだったが、そういう分け隔てのない、柔らかさが彼の役者寿命を延ばしたのではないかと思うことがある。

自分が演じた役柄に殉じるというのも一つの美学、生き方である。時代劇の終焉がやってきて、そのまま銀幕を去った人たちがいる。あるいは錦之助のように、ときおり大作映画などに顔を出しながら、テレビに軸足を移して、そちらで活躍した人もいる。

進行の話に戻すと、先に「めし押し」の話をした。撮影の遅い監督だと、夕方を過ぎても続行しなくてはいけないことがある。時代劇は化粧のやり直しが面倒だし、場面のつながりの問題もあるので、そのまま押して撮影をすませてしまおう、ということになる。あるいは、勢いでそのまま続行、ということもある。右太さんは空き時間にテーブルにナプキンをかけて、分厚いビーフステーキのサンドイッチにぱくつくことができるが、現場の人間は空腹に耐えて、夜の一〇時、一一時まで奮闘することとなる。

＊縁のなかった大島渚

四年間進行をやって、次が進行主任。私は大島渚さんの「天草四郎時貞」（一九六二年）に進行主任でついている。そのときに、たまたま組合の委員長になり、東京常駐になった。団交などで会社を攻める役割である。

「あんたら企画の連中は頭が悪いから、当たらん映画ばかりつくるんだ」

とやるわけである。すると、企画本部長の坪井さんという温厚な方が、

「じゃあプロデューサーをやれ」

と言い、組合の委員長の任期が切れてすぐに辞令が待っていた。それでプロデューサーの助手ということで、現場に戻ったわけである。

そろそろ映画の客足に変化が出始めていたころで、チャンバラ路線がだめ、では文芸路線だということで、大島さんとの「天草四郎」が実現したわけだが、これが大いに不入りの映

画だった。のちに彼ともう一回、「やくざ戦争　日本の首領《ドン》」の流れで、フィクサーの児玉誉士夫をイメージした「日本の黒幕」を企画した。

脚本で難渋しているうちに、大島さんはさっさと東京へ引き上げてしまった。さらにもう一度彼と、と思い、今度は田岡一雄のドキュメンタリーを考えた。ところが、三代目の死去で、これも夢と消えた。つくづく大島さんとは縁がなかったのである。

それが、カンヌでわが「楢山節考」と彼の「戦場のメリークリスマス」でグランプリを争うことになったのは、不思議な縁と言うしかない。

世間の評判と違って、柔らかい頭の人で（やくざ映画を評価していた）、今村昌平さんもそうだが、やはり独立プロになった監督は資金集めで下げたくない頭も深く下げざるをえず、ひたすら我が道を行くというわけにはいかないのである。

＊時代劇ではない映画を

私がプロデューサーとなって初めて企画したのが、内田良平[＊6]という、どちらかというと脇

＊6　うちだりょうへい（1924〜1984年）「俺は死なない」「張込み」「歌麿　夢と知りせば」などに出演。

に回るような役者を使った「車夫遊侠伝　喧嘩辰」（一九六四年）である。これは東京から流れてきた人力車夫の話で、桜町弘子がヒロインを演じ、その妹が藤純子である。曾我廼家明蝶[*7]が親分で、大木実[*8]が悪役をやっている。

内田が大木との決闘へ急ぐ場面で、握り飯を手にしながら桜町を抱きしめるという一風変わった映像を見ることができる。クローズアップを多用しているのが印象的である。

もう一つ、座っている曾我廼家明蝶の周りをぐるっとカメラが回るという不思議な映像がある。後年、ハリウッドが多用した撮影法だが、加藤泰監督、五〇年前にそんな斬新な絵を撮っているのである。

この映画はキャスティングの問題もあって、あまりお客が入らなかった。しかし、生きのいい車夫が動き回る映画で、時代劇から離れようとした一本であることは確かである。

あるいは、一九六六年に撮った「893愚連隊《ハチキユウサン》」は、その方向性をもっと強く打ち出したものだ。「893」は「やくざ」を意識している。監督は中島貞夫で、彼の映画では最良の方に入るのではないかと思う。軽快なジャズに乗って、京都駅頭で白タクに客を誘うところからストーリーは始まる。

松方弘樹が主演で、ちんぴらの仲間が荒木一郎（歌手）に藤健次[*9]（大部屋俳優からの抜擢）、兄貴分に天知茂[10]、彼らに圧力をかける賭博組織の頭を高松英郎[11]が演じている。若き近藤正臣[12]が大学生のすけこまし役である。

近藤と火野正平は、曾我廼屋明蝶のマネージャーをしていた星野和子（シーズ・マネージメント）さんが使ってくれと連れてきた。

「愚連隊」の連中は、主婦をたらし込んで売春させたり、タクシー代を踏み倒したり、たこ焼きの代金をちょろまかしたり、借金を帳消しにしてやるとニセ病人を焚きつけたり、金になることは何でもやる。最後は売り出し間際の新薬の原液を盗むという荒技をやるが、それも組織に嗅ぎつけられて、ものにできない。

とてもちゃちなものだが一応カーチェイスがあり、クルマが工事途中の橋から落下して炎

＊7　そがのやめいちょう（1908〜1999年）「日本一のホラ吹き男」「大阪ど根性物語　どえらい奴」「極道ペテン師」などに出演。
＊8　おおきみのる（1923〜2009年）「あなた買います」「つゆのあとさき」「黒蜥蜴」などに出演。
＊9　ふじけんじ（1942年〜）「昇り竜やわ肌開帳」「斬り込み」「時には娼婦のように」に出演。
＊10　あまちしげる（1931〜1985年）「東海道四谷怪談」「座頭市物語」「眠狂四郎　無頼剣」などに出演。
＊11　たかまつひでお（1929〜2007年）「巨人と玩具」「黒の試走車」「しとやかな獣」などに出演。
＊12　こんどうまさおみ（1942年〜）「流れの譜」「狼よ落日を斬れ」「赤穂城断絶」などに出演。

上する派手なシーンもある。

組織と違ってチンピラは民主主義だと言いながら、やることはあくどいことばかり。組織と戦うのを避けるときだけ、全員一致の民主主義を持ち出すご都合主義を何とも思っていない連中である。

最後に松方が言った「ネチョネチョ生きとるこっちゃ」という台詞は、時代の気分を表したものとして、一部で評判になったが、先に記したように白黒の添え物では、いくら京都じゅうをロケで走り回っても、客の入りははかばかしくなかった。

松方とは長い付き合いで、いろいろな映画で彼と仕事をしたが、演技のうまい役者さんということができる。健さんと違って、ストイックなところなどまったくない男である。筋トレなど我関せずだったのではないか。

それでも、「十三人の刺客」リメイク版で見せた身体の動きのきれいだったこと。すっと両手を畳に突いて、立ち上がるのである。斬り合いの場面の殺陣も余人とはまったく動きが違っている。

任侠映画で、彼が尻はしょりで、爪先立ちになって走る姿が目に焼き付いている。

2　スジで八割が決まる

＊マキノの格言

マキノ雅広が映画は「一スジ、二ヌケ、三ドウサ」が大事だと言ったといわれる。これはストーリーが第一で、次が映像、最後が役者という意味である。監督が抜けているのは、この三つが監督の目から見た三要素ということだからである。

映像に関しては技術の進歩との兼ね合いがあり、初期のころは電圧が低かったり、フィルムの感度が弱かったりで、苦労のし通しである。マキノ省三[*13]は家でフィルム編集をしていて、灯りの熱で一瞬にしてフィルムが燃えて、家を全焼させたことがある。

映画初期のころのアメリカで、一番稼ぎがよかったのが撮影技師、カメラマンだという。ストーリーや役者に焦点が当たるのは、もう少しあとのことである。

＊13　まきのしょうぞう（1878～1929年）母と買い取った千本座で舞台に立ち、義太夫や芝居を演じた。その後、監督に。「実録忠臣蔵」「石山軍記」などを監督。

日本でも、海外の進んだ技術を取り入れながら、フィルムを自主開発するなどの苦労を先人は重ねている。日本のカラー映画第一号の木下恵介[*14]監督「カルメン故郷に帰る」（一九五一年）は富士フイルムを使用し、出来が心配なのでモノクロでも撮っておいたという。

マキノ雅広、渡辺邦男[*15]などは早撮りで有名だが、それは照明との関連もあるのである。機材が重たいということもあって、なるべく移動させないで、同じシチュエーションの絵は同時に撮ってしまいたい、と考えるのは自然である。一回ごとにセットを変えていると、前後の脈絡をつけるのも大変である。でき上がった映画は、辻褄が合っていないといけない。顔に傷を負ったはずが、次の絵ではそれが消えている、というのではまずいのである。あるいは、同じ場面で影の方向が違うということだってありえる。それで早撮りの監督は、〝中抜き〟という手法を使うことになる。同じセット、照明で撮れるものは全部、撮ってしまうのである。

映画会社にすれば、期日を早めて撮ってくれる監督は予算を浮かしてくれるわけで、神様、仏様みたいなものである。

もともとマキノさんは段取りのいい人だった。早撮りができるということは、関連の芝居を全部、撮るということだから、マキノさんは絵から台詞まで全部、頭に入っていたということである。

アドリブがうまいから脚本から離れて、現場で自分で台詞をつけることもしばしばだった。マキノさんは絵コンテはつくらない。加藤泰は全部、絵コンテにしていたが、これは監督のタイプによる。黒澤明の絵コンテは芸術の領域である。

もう一人の早撮りの雄、渡辺邦男さんは、私が東映に入社したころの天皇だった。一週間ぐらいで一本作ってしまう人で、のちに新東宝に行って、その早撮りで会社の復活に大いに貢献した人である。新東宝では「明治天皇と日露大戦争」（一九五七年）という大作などを撮っている。マキノさんより仕上げは早かったのではないだろうか。東映も初期のころは渡辺さんの量産でたいへん助けてもらっている。映画の質は自然、高くはならないが、客を呼べる監督なのである。

渡辺さんだと予算の一割ぐらいで一本を上げる。中島貞夫で八割、深作になると、内緒で二割増しにしていたものだ。深作は徹夜が当たり前、いつも「もう一回やらせてくれ」を口癖にしていた監督だった。彼は会社の金を自分の金と勘違いしていたのではないだろうか。

＊14　きのしたけいすけ（1912〜1998年）「日本の悲劇」「女の園」「二人で歩いた幾春秋」などを監督。
＊15　わたなべくにお（1899〜1981年）「異国の丘」「チャッカリ夫人とウッカリ夫人」などを監督。

監督という生き物は、自分の映画のことしか考えない。セットを変えろ、衣裳を変えろ、と要求が止まない。そして、予算オーバーである。

深作の予算オーバーに対して、面白いアイデアを考えた人がいる。松竹の桜井洋三プロデューサーで、以下のようなやり方で「忠臣蔵外伝　四谷怪談」（一九九四年）を予算の範囲内に収めたという。

彼は、予算を大道具とか照明とかに分けて、現場に貼り付けたという。深作が泣きつく先がなくなったわけで、さすがの彼も現場から「もう予算がありません」と言われれば、すごすごと引き下がらざるをえない。賢い人がいるものだと感心した。

＊いい脚本はなぞるだけでいい

マキノさんが第一に挙げるように、映画はスジ（脚本）のよしあしで決まる。それはだれでも言うことだが、じつはなぜスジが大事なのかを明確に言うのは難しい。

スジといっても、そんなにバリエーションがあるわけではない。話は、喜劇と悲劇の二つに分かれるのがふつうである。悲劇だと、しだいに不幸になるのか、最初から不幸なのかで、展開が自ずと違ってくる。身につまされるのは、だんだん不幸になっていく方である。洋画の「俺たちに明日はない」（一九六七年）はその典型のような映画で、初めは好き放題やって自由に見えた素人強盗団が、警察の追及が厳しくなるほどに仲間割れを起こし、どんどん険悪になっていく。一人死に、二人死に、最後は主人公二人が蜂の巣にされて終わる。

不幸になるにも、金持ちがそうなるのと、貧乏人がそうなるのとで、これまた話の展開はだいぶ変わってくる。

任侠映画は「忠臣蔵」で行くことになっていたので、不幸の積み重ねが最後の暴力の爆発に至る、というパターンを踏まざるをえず、書き手にとっては話に変化をつけるのが難しかっただろうと思う。

東映の場合、似たような話ばかりやっていたので、逆説的だが、よけいにスジが大事になってくる。観客も次第に飽きてくるわけだから、どうにか工夫して、楽しんでもらわないといけない。

作品の出来は、八割は脚本で決まると言っていいと私は考える。第一稿で「いける！」と思った企画は、当たる確率が高い。ある監督に、「こんなにいい脚本だったら、なぞっているだけで、いい映画ができるぞ」と言ったことがある。上がってきた脚本をどう自分のディテールで磨き直すかが監督の作業だ。しっかりした脚本であれば、楽なことは確かである。

芸術部から脚本に割り当てられて、戦力になっていくのは一〇人のうち二人ぐらい。その率が低いのか高いのか分からないが、なかなか後進が育たないジレンマを感じていた。企画に合わせて、こんなものを書いてごらん、と宿題を出し、出来がよければ本採用するというやり方である。自分からテーマを見つけて書いてくる、というケースは経験したことがない。

＊脚本家を旅館に缶詰にした

脚本の笠原さんは場合によっては、血の一滴も出ない、といった状況に陥ることがあった。「もうどうしても書けない」と頭を抱える彼を見て、とうとう気が触れたのではないかと思ったことがある。笠原さんはけっこう短気で、旅館などで仕事をしていると、女将さんなどをすぐに怒鳴りつけるところがあった。

笠原和夫さんや野上龍雄さんなどが執筆に使っていたのが祇園の先斗町《ぽんとちょう》の旅館「いたがき」で、よく私も催促に行ったものだが、いつ行っても、ごろごろしていて、花札で時間を潰している。任侠映画の初期のころの脚本家はほぼ、その古い旅館に泊まり込んで書いていた。

祇園の石塀小路に「田舎亭」という、大島渚などが仕事をしていた旅館がある。時折、長逗留のお客だけ泊めていたところで、そこには女郎と芸者のあいだぐらいの格の「やとな芸者」がいた。山田五十鈴[*16]が月田一郎[*17]と恋愛して、その旅館で確か娘を産んだはずである。そのそばの「さくら屋」という旅館には、永田雅一が詰めていた。

京都の西に撮影所があって、その作品の想を練るのは、町の東側の隠れたような旅館である。考えてみると、すぐに遊びに行ける祇園などに、そういう場所を設定したのだから、おかしなものである。あえて言えば、創作の人間にはどうしても逃げ場が必要で、書き上げたらすぐに遊びに行ける、という思いが、執筆を促すと会社が配慮したのかもしれない。

〆切りが迫ると、彼ら脚本家を寝かすわけにもいかないので、笠原さんの蒲団に潜り込んで、逆にこちらがすやすやと眠ったこともあった。

企画部長の渡邊達人さんはホン読みの天才だったが、単身赴任ということもあって、時間の融通が利いた。よく時間を見つけては「いたがき」などに足を運んで、行き詰まってしまった書き手の手助けをしていた。ナベさんは昭和恐慌の引き金となった東京渡辺銀行の御曹司だった。

＊16　やまだいすず（1917〜2012年）「祇園の姉妹」「鶴八鶴次郎」「流れる」などに出演。
＊17　つきたいちろう（1909〜1945年）「マダムと女房」「父帰る母の心」「虞美人草」などに出演。

東京・神楽坂にも映画人御用達みたいな「和可菜《わかな》」という、これも古い、小体《こてい》な旅館がある。そこもなぜか花街の中にあった。あそこは浦山桐郎[*18]などの日活系の監督、脚本家が多く使っていた。山田洋次[*19]ご一統様も使っていたはずである。女優木暮実千代[*20]さんの妹さんが経営していた旅館である。

＊笠原式「箱書き」

脚本家の笠原和夫さんは、深作がホンを変えてしまう、と言ってたいへんな不信感を抱いていたわけだが、東映の場合は、面白くなければ、脚本家に対して「直してくれ」と言う権限がプロデューサーにはあった。私は、その回数が多かった方かもしれない。どうしてもだめな場合は、脚本家を変えることもある。ホンがよくなければ、いい映画ができないことは痛いほど分かっているからである。

深作は、そのプロデューサーの眼鏡に適《かな》ったものを、また現場でズタズタにするということで、笠原さんとすれば、とんでもない奴だとなるのも当然である。

笠原さんは私の盟友のような人だが、彼は非常に綿密な「箱書き」をつくることで知られている。全体の構造をしっかりとつくったうえで、細部を仕上げていくやり方で、調べ魔である笠原さんらしい進め方だった。

大作の戦記物になると、それが膨大なものになる。自分一人で戦史年表と、それに付随した人間関係図をつくり上げていくわけで、そこまでして初めて彼にはストーリーが見えてくる、というわけである。

脚本は、簡単な状況設定があるだけで、ほとんどが会話で成り立っている。笠原さんは一行の台詞、一つの言葉をひねり出すのに呻吟している。人が見過ごしてしまうような台詞でも、本人は必死だったのではないだろうか。

先に深作の「仁義なき戦い」の演出の一端に触れたが、彼らがホンを読むときは、映像を頭に浮かべながら、役者も架空の者を充てながら読んでいるはずである。われわれプロデューサーも、そういう読み方をする。

だから、一般の方があの脚本を読んでも、「これは傑作だ」と感じるのは難しいのではないかと思う。小説なら細かい描写があってしかるべきところも、脚本ではほぼ省かれている。

＊18　うらやまきりお（１９３０〜１９８５年）「青春の門」「太陽の子　てだのふあ」「暗室」などを監督。

＊19　やまだようじ（１９３１年〜）「二階の他人」「愛の讃歌」「幸福《しあわせ》の黄色いハンカチ」などを監督。

＊20　こぐれみちよ（１９１８〜１９９０年）「青い山脈」「自由学校」「祇園囃子」などに出演。

そこは、演出家の領域なのである。

黒澤明さんは初期のころ、演出家というクレジットを使っていた。その方が、監督と呼ぶよりも、より仕事の実態に近い命名ではないかという気がする。監督は、簡単にいえば、「脚本」をどう演出するか、という仕事なのである。演出の道具として脚本があり、役者がいて、セットや風景があって、音楽がある、という考え方である。

黒澤さんと組んだ橋本忍さんが著書のなかで、黒澤さんとの共同脚本の様子を記している。まず橋本さんが第一稿を書き、それをもとに黒澤さんと橋本さんが頭から書き直す。そして、小国さんの判定で、いい仕上がりの方に手を入れていく、という方法である。小国さんもう一人小国英雄[*21]さんという大ベテランが加わり、三人が脚本執筆に当たるのだが、じつは小国さんは二人が書いた原稿の良し悪しを判断する役目だそうだ。

が書かないのは不公平だと橋本さんが言って、小国さんも原稿書きに参加するかたちになったが、それだと審判者がいなくて暗礁に乗り上げたという。

小国さんは京都にずっとお住まいで、パナマ帽などをかぶり、小さくてずんぐりしていて、丸い顔立ちの人だった。巨人みたいに大きな彼女を連れ歩いていた。小国さんはマキノ雅広の時代からやっている人で、よくマキノさんがオグニ、オグニと言っていたのを覚えている。

それにしても、脚本書きにも、いろいろなやり方があるものだと思う。

＊脚本を複数で書く事情

よく脚本を複数で書くことがある。日数が押していて、やむなく複数で、ということもあれば、一人では書けなくなって助っ人が入るなど、いくつかのケースがある。

書き手それぞれの長所を合わせる、というのもある。裏を返せば、全体を一人で書けないから、合わせ技にしようという意味もある。

恋愛場面や濡れ場になると、力を発揮する者がいる。あるいは、こいつはアクションがうまい、こいつは日常茶飯事のことなら任せて大丈夫、といったように、その人間の得意な部分を見極めて、作品に合わせて組ませるわけである。

「日本侠客伝」はまったくそのスタイル。濡れ場は野上龍雄さん、アクションは村尾昭[＊22]、男同士の駆け引きの部分は笠原さん。

＊21　おぐにひでお（1904〜1996年）「七人の侍」「生きものの記録」「どん底」などの脚本を執筆。
＊22　むらおあきら（1933〜2008年）「昭和残侠伝　吼えろ唐獅子」「激動の1750日」などの脚本を執筆。

ハコをつくって、この部分はおまえ、と分担を決めていく。原稿のできた人間が次のシーンの人間にバトンタッチしていく。そのあいだ、座布団を出して花札などで暇を潰すか、寝ているか、近所に飲みに行くか、てんでに過ごすことになる。

私が重宝したのが、中島貞夫である。

中島はとても器用な男で、使い物にならないと思った話を、二日もあれば直してしまう芸当ができた。時間に追われる映画会社とすれば、得がたい人物である。

たとえば、笠原さんが「吉原炎上」(一九八七年)の箱書きを書いていたとき、二〇枚ぐらいで、それ以上原稿がまったく進まなくなってしまった。そこで中島に緊急出動をかけるのである。

五社さんも、中島は偉い、とよく褒めていた。頭がよくて、しかも器用な人間はなかなかいない。それに、中島は不平も言わないで仕上げるから、神様仏様中島様となるのは当然である。中島のおかげで何本封切りに間に合ったことか。

もともとマキノさんの下で鍛えられたことが大きいのではないかと思う。マキノさんは何を喋っているか分からない人で、中島はそれを読み取ってちゃんとホンにまとめていた。常人にはできないことである。

中島は入社のときから助監督で突っ走ってきた。私の二つ下だが、泥だらけになって走り回っていた姿が目に焼き付いている。中島は役者を褒めて使うタイプである。現場の仕事も手っ取り早い。うだうだ考えて演出するタイプではない。

倉本聰[*23]と東大で一緒で、倉本さんは中島に手伝ってもらったおかげで卒業ができた、と言っている。試験のたびに、中島のそばに行ってお世話になったそうだ。そういう異な縁もあって、中島と倉本さんはけっこう親しくしていたのではないだろうか。

倉本さんは最初はテレビ局にいて、すぐにフリーとなって、テレビと映画の脚本を書いている。

＊テルさんのこと

中島と最初に組んだ「893《ハチキユウサン》愚連隊」については、先に触れたが、これは、東映路線とは違うものを撮りたくて、企画したものである。ネタ元は京都・祇園祭で仕切りをしていた通称テルさんという若い衆で、当時、太秦の撮影所で大衆整理をやっていた。

＊23　くらもとそう（1934年〜）「月曜日のユカ」「駅STATION」「冬の華」などの映画脚本を執筆。

スターが行くところ、ものすごい人だかりができる。大衆整理はそれを捌《さば》くのを専門にする人で、いかつい体格、それに相応しい面構えの人が多かった。なかにはムチを振るって、しつこいファンに食らわせる人間もあった。

文ちゃんの付き人が、あれは筑豊直方《のうがた》が舞台の作品だったか、文ちゃんが火の見櫓に登ったところ、観客の中から一人飛び出してきて、櫓の足元に来ようとした。その瞬間、大衆整理の若い衆がドスを出して威嚇したことがあった。

いってみれば、テルさんはそういう係をずっとやっていたわけである。

「893愚連隊」の続編をやろうとして、中島と神波史男[*24]の二人に大阪釜ヶ崎あたりに取材に行ってもらったが、収穫なしで帰ってきて、頓挫した。

中島は私の企画の「やくざ戦争　日本の首領」も撮ってくれている。手前味噌で申し訳ないが、この二本は中島の作品のなかでも、いい部類に入るのではないか。

「首領」は黛敏郎[*25]さんの音楽で、これが情感があって、いいメロディだった。あのあと黛さんは亡くなっている。

中島は父親を中国戦線で亡くしていて、母親の手で育てられているから、反戦の意識はかなり強いのではないかと思われる。最近の朝日新聞のインタビュー記事でも、その種の発言をしている。

＊高田宏治は動かない

私の一つ下の高田宏治ともよく一緒に仕事をしたが、彼は笠原さんタイプ。書くのが遅く、こちらをハラハラさせるが、笠原さんと違うのは取材嫌いのところである。いろいろな本をたくさん読んでいるので、蓄積には膨大なものがあるのだろう。

「鬼龍院花子の生涯」（一九八二年、脚本高田宏治）は、宮尾さんの中編小説を膨らませたものだが、もし笠原さんがホンを書けば、大阪・飛田《とびた》でも松島遊郭でも取材に行って、根掘り葉掘り聞いて、傍証を固めていくだろう。そういうリアルな材料から話の核心を掴んでいくことに、命を賭けているところがあった。

それを、高田はアームチェア・ディテクティブみたいに座っていて解決してしまう。取材

＊24　こうなみふみお（1934〜2012年）「やくざ刑事」シリーズ、「逆噴射家族」「華の乱」などの脚本を執筆。
＊25　まゆずみとしろう（1929〜1997年）「カルメン故郷に帰る」「炎上」「小早川家の秋」などの映画音楽を作曲。

「鬼龍院花子の生涯」

など面倒臭い、というわけである。彼に言わせれば、「何でも一度、聞いたら頭に入る」そうである。速射砲のようにアイデアをしゃべる五社さんの言うことも、一度で頭に入れて、脚本にして、台詞にすることができる。それもまた怖ろしい才能である。

高田は東大英文を出ている秀才だが、けっこう遊び人で、宮川町の芸子と恋をしたり、凝り性で玉突きや競馬、ボウリングにと入れ揚げた。それを自前の金で遊んでいたわけだから、懐事情は大変だったのではないか。女にもけっこう金を使って、騙されていたと思われる。

しかしというか、だからというか、彼はいいホンを書いてくれた

反対に、松田寛夫[*26]は堅い男で、全然遊び人タイプではない。松田は助監督から脚本へ移った人で、決して威張らない苦労人でもある。松田は京大を出て東映に来ている。山下耕作と同じコースである。彼には私のキャリアの後半でかなりお世話になっている。

満州で生まれ、そこで陰惨なリンチや殺人を見てきている。母親が東映の衣裳部のお針子をやりながら我が子を育てていたが、縁あってわが子を松田定次[*27]監督の養子に出した（その

ことを松田寛夫は恨んでいた）。天と地とも違う環境の変化である。大監督の下で、お金が潤沢にあっても、それで遊びに明け暮れるということはなかった。松田定次はマキノ雅広の異母弟である。

＊野上、そして小野

脚本家の野上龍雄とは「日本俠客伝」あたりから組んでいる。彼は笠原さんの下ぐらいの年である。吃音で、その種の学校へ行って治って戻ると、また始まる、という具合だった。身体が小さいのに、大酒飲みで、喧嘩を買ってはこてんぱんにやられていた。その飲み代、タクシー代を、人に絶対に払わせなかった。当時の検事総長が辰巳芸者に産ませたのが彼である。

東映に徳田秋声の孫がいた。私は徳田秋声ものでは、新藤兼人[＊28]の「縮図」（一九五三年、乙羽信子[＊29]主演）が好きである。

＊26　まつだひろお（1933年〜）「誘拐報道」「花園の迷宮」「社葬」などの脚本を執筆。
＊27　まつださだつぐ（1906〜2003年）「多羅尾伴内」「旗本退屈男」「丹下左膳」シリーズなどを監督。
＊28　しんどうかねと（1912〜2012年）「愛妻物語」「濹東綺譚」「午後の遺言状」を監督。

苦界に売られた女が東京から新潟まで流れて、「東京から来た芸者」という触れ込みで、生きのいいカッポレを踊るところなど、印象的である。あるいは、冒頭のシーンで、初めて置屋に行く準備をする乙羽が、腕を上げると脇毛が見える。新藤リアリズムということなのだろうが、知らずに見るとギョッとする。

その秋声の孫の小野竜之介が東大を出て、東映で脚本家になったが、本業である脚本が書けなかった。小野と一緒に入ったのが神波史男である。

しかし、小野には別の才能があって、プロットを書かせたら右に出る者がいないのである。テレビ局などにプレゼンをする際、プロデューサーが言ったことに尾ひれをつけて、原稿用紙一〇枚～一五枚にまとめる。それをプロデューサーが持ってテレビ局に企画の売り込みにいくのだが、ほかの人間がまとめるより反応がいいのである。小野はテレビの世界に生きる道を見つけたわけだ。

＊オリジナル脚本

よく最近の映画はオリジナル脚本がない、と嘆く人がいるが、割合とすれば、そういうことは言えるかもしれないが、もともと映画は何かの作品の翻案だったり、パクリだったりする世界である。シリーズ化など、言ってみれば自己模倣のようなものだ。

映画というビジネスは非常に博打性が強い。そのリスクを軽減するために、確実に切符を買ってくれそうなところに話を持っていくのはごく自然なことで、それもまたプロデューサーの仕事である。日本共産党や、部落解放同盟の松本治一郎などを扱ったのは、組織票を期待したからだ。

テレビドラマが映画になって当たりをとる傾向があるが、それは自然なことである。観客に好かれるかどうかはテレビの視聴率で実証ずみ、折り紙付きである。それに、話題の高視聴率番組だから前宣伝はバッチリ効いているわけである。さらに、番宣で主役級が様々な番組に出て顔を売るし、コマーシャルも集中的にかかる。

われわれ旧世代の映画人からすれば、勝つと分かっている相撲をとっているようなものだ。われわれが柳の下のドジョウを何匹も追ったのは、自前で温泉を掘り当てた以上、できるかぎりそこで商売をさせてもらおうと考えたからである。

じつはオリジナル脚本を書くのは、ゼロからものを立ち上げるのが難しいのと同じ理屈で、

＊29　おとわのぶこ（1924～1994年）「千羽鶴」「香華」「配達されない三通の手紙」などに出演。

大変なのである。手がかりは小説でも新聞記事でも、人の話でも、何でもあった方がいい。最近はコミック原作というのが目立っている。今昔の感に堪えないが、それだけ日本のコミックの実力が上がっている証拠だろうと思う。私も若ければ、どこぞの面白い連載を見つけて、トライしているだろうか。

しかし、笠原さんのように地道にネタを拾って、あるいは資料を膨大に読み込んで、自分なりの核心を掴んだストーリーをつくり上げていく姿勢を、つねに創作者は保持していなくてはならない。それが地力となって、自分の作品の厚みとなっていくからである。

3　すごい演出家はホンを超える

＊マキノの伝統が生きる

次に、「ヌケ（映像）」の代わりに監督の話をしていこう。

マキノ雅広は映画の生き字引みたいな人で、父親の省三の時代から兄弟姉妹みんな映画に関わったという家系である。そういう人がいたからこそ、東映で時代劇などの、ある種、型を踏むような映画ができたといえる（ほかにも強者《つわもの》の監督がいたが）。

　私がなるべく現場に行かないようにしたのは、マキノさんと俊藤さんのやりとりを見るようになってからである。マキノさんは自分流でどんどん撮るのだが、俊藤さんは、こと、やくざ映画となると、一家言も二家言もある。

「そんなことはせんぞ」とか、「そんな財布は持たない」「丁半の張り方が違う」と口を出す。俊藤さんという人はとにかく現場が好きで、しょっちゅう顔を出して、いろいろなことを言っていた。

　彼が何か言うたびに、マキノさんはじめいろいろな監督が嫌そうに、撮りにくそうにしていた。そばであれこれ言うのは監督の邪魔になるだけで、プロデューサーというのは出来上がったものを見て、いいとか、悪いとか言えばいいのであって、心配ならホンをつくる段階と、それを監督に任せた段階で、作品の意図を明確に話しておけばいいのである。

　滅多になかったが、結果が悪くて、撮り直しをさせることもあった。あとで触れるように、今村昌平さんにも要らないと思った絵をカットしてもらっている。

　撮り直しとなれば、壊したセットをもう一度組むなど、多くの費用がかかり、俳優さんのスケジュールも押さえ直さないといけない。よほどでないと撮り直しのケースはなかった。

それに、これは違う、と監督に言っても、彼らもそう簡単には納得しない。「(分かりもしないで)何を言う」「おれが納得しているのに、文句あるのか」という顔をする。ただ漫然と撮っている監督ならいざ知らず、自分の考えがあって撮っている監督が大半だから、そこは彼らの意志を通す方向で考える。監督とは概して頑固だが、その筆頭は加藤泰だろう。

監督たちは、ホンに心底納得しないと演出はやらない。そういう人種なのである。われわれプロデューサーはそれを信頼してその監督に任せているので、たいていのことは彼らの考えに従うことにする。

＊悪口で自分を燃え上がらせるマキノ

あの大ベテランのマキノさんにしても、這いつくばって演出する。ラブシーンでも、あぁせいこうせい、とくねくね身体を動かして、俳優に演技指導をする(五社さんもひっくり返りながらやっていた)。

マキノさんは子供のころから映画に出演していたから、蓄積がすごい。

マキノさんはとにかく嫌な監督で、やたら喋りまくる。いろいろなことを言うが、なかでも人の悪口が多いのが玉に瑕《きず》である。特に弟の光雄さんの悪口となると止めどがなかった。

マキノさんはそうやって悪口を言いながら、内圧を高めていたのだと思う。迷惑な癖だが、それがマキノ流なのである。

大川橋蔵さんの映画で、長池（京都府城陽市）の自衛隊の演習場に行ってロケをしたことがあったが、マキノさんは乗馬が達者で、演習場を駆け巡って、いつまでも止めない。時間が押してくるので、ええかげん止めてくれと思っても、どこ吹く風という顔で、全力疾走で乗り回していた。

マキノさんは身体が猿のように軽かった。小さいころ、京都・岡崎の京都市動物園で猿の動きをつぶさに観察した人である。顔も猿そっくりで、猿が人に乗り移ったようなものだった。

得意芸の一つが、猿の動きでする黒田節だが、これが絶妙。扇子の陰から顔を出したり、いろいろな演出がなされている。その踊りがうまいというので、藤間宗家の勘十郎から、藤間缶切りという名前を貰っている。

着物を着た所作をマキノさん以上にできる人はいないので、マキノ流が伝統として東映に根付いていく。マキノさんが仕事を始めたころは着流しの時代だったろうと思われるので、実際に裏打ちされた知識としてわれわれも一目置くわけである。

マキノさんは、その知識を映画的に必要なものとして教えてくれるわけで、単なる故事来歴を語っているのではない。東映では殺陣は基本的には殺陣師が付けることになっていたが、マキノさんは自分で付けた方が早いし、うまかった。

マキノさんは、フィクションこそ細部がしっかりしていないとだめだと言っていた。われわれの仕事は、フィクションをホンマもんに見せるということである。それができれば、自然とリアルさが観客に伝わっていく。われわれはずっと、嘘っぱちをどうやって本物らしく見せようかと、知恵を働かせてきたのだ。

＊わが友、ソクブンさん

鈴木則文さん、われわれはソクブンさんと呼ぶのだが、前章でも多少触れたようにとにかく作品に品がない。すっぽんぽんで踊りをおどっているような監督である。彼が駆け出しの助監督、私も進行ということで、食うものも食わず寝るに寝られず共に苦労した親近感がある。緋牡丹博徒シリーズなどの仕事で組んだし、喧嘩もした仲である。しかし、ソクブンさんには同志のような思いがある。

私がキューピッドになって、惚れた女となんとかまとめようとしたこともあったが、彼は結局、振られてしまった。最終的には、自分の映画に出した女優と一緒になった。彼が私の結婚の祝いに来てくれて、飲みまくり、女房がもってきた絹の蒲団に吐いてしまったこともあった。

ソクブンさんは、私の本が出たあと、ハガキをくれて、二〇冊買って、みんなに配ったと言ってきた。彼にはそういう熱いところがある。私が感激したのは当然である。

＊筋を通した山下さん

監督山下耕作さんは、泣き虫の面があったが、ある意味、自分の美学に筋を通した監督である。鹿児島出身なので薩摩隼人といったところがあった。

山下さんは演出に花を出すのが好きで、錦之助主演の「関の彌太ッペ」のラストで木槿《むくげ》の花垣越しに、十朱幸代[＊30]との会話を入れている。粋なことをする監督だな、と思ったものである。

私は宮尾登美子原作「夜汽車」（一九八七年）を山下さんに撮ってもらっているが、あっ

＊30　とあけゆきよ（1942年〜）「震える舌」「螢川」「日本一短い『母』への手紙」などに出演。

ちで振られ、こっちで振られ、結局、山下さんが監督を引き受けてくれたものだった。けっこういい写真に仕上がったと思っている。十朱幸代が主演で、彼女の演技力は折り紙付きである。

山下監督は大酒飲みで、最後は飯を食わないから枯れ木のようになって死んでしまった。息子も親父に似て大酒飲みで、東映で助監督をやっていたが、飢え死にしてしまった。

山下さんは陸軍幼年学校へ行き、鹿児島の出水高校から京大へ進んでいる。父親は軍人だったらしい。幼年学校に入るには相当な秀才でないとだめで、私の兄が何度も受けて滑っていたので、よく知っている。海軍兵学校以上に難しかったという。

彼も就職難で行くところがなくて、東映に転がり込んだ口である。当時のことだから女郎買いぐらいはしたかもしれないが、作さんみたいに女優などと恋愛沙汰はない監督だった。そういう意味では、女ではなく酒で足もとがふらついた人だった。

監督としては、役者さんに嫌みを言うタイプである。それも、かなり辛辣である。急所をずばっと突くところがあった。いい人ではあるのだが、お酒に足をすくわれたのが、返すがえすも惜しい。

＊褒めて引き出す人、深作

深作さんはアイデアマンで、アクションを撮るのがうまかったが、松坂慶子[*31]などいろいろ女優と浮き名を流したものの、お色気は撮れない人だった。

東映にはあまり女優をうまく扱う監督がいない。「人斬り与太」で渚まゆみを脱がせたのは偉いと思ったものである。

深作さんは個々の役者の才能を引き出すのがうまかった。「いまのはよかったけど、もうちょっとやると、もっといいぞ」「もっといい芝居ができる」とおだてて、引き出していくのである。その「もうちょっと」が口癖みたいな人だった。

タランティーノなど、「仁義なき」を世界中の人が見ているらしいが、あのテンポのよさ、スピード感を超せる監督は出てこないだろう。

作さんは無類の編集好きだった。何回も繰り返し見て、ものすごく細かく編集する。それで絵に何倍もスピードが出てくるのである。小津安二郎[*32]も編集の鬼だったようだが、作さん

＊31　まつざかけいこ（1952年〜）「蒲田行進曲」「火宅の人」「死の棘」などに出演。
＊32　おづやすじろう（1903〜1963年）「父ありき」「お早よう」「秋刀魚の味」などを監督。

に小津の映画のリズムについて聞いておけば、貴重な証言になったことだろう。作さんはスターシステムにずっと反感をもっていた。だから、群像劇に入っていったのも理由がないことではない。

深作も東映の社員監督なので、スターさんは仰げば尊しの存在で、そもそも使いにくかったのではないかと思う。作さんの演出は、地べたを這いずり回るもので、チンピラ役者にはどなりつけて動かす演出である。スターさんにはそういうわけにはいかない。

それでも、鶴田浩二とは「博徒解散式」(博徒シリーズ六作目、六八年)、「博徒外人部隊」(博徒シリーズ九作目、七一年)、「日本暴力団組長」(六九年)ほかで組んでいる。

彼もあとで、大スター錦之助さんと「柳生一族の陰謀」で顔を合わせるとは思わなかっただろう。あの組み合わせは私が無理にこしらえたもので、そうでもしなければ、こういう機会はなかっただろう。あの映画は、一度死んだ時代劇を違う角度でやってみようとしたもので、作さんのような社内異端派がつくるには相応しい作品だった。

私は尻込みをする彼を次のように説得した。

錦之助は誰が見ても、東映の時代劇を背負ってきた第一級のスターである。

この人を伊藤大輔(「反逆児」一九六一年、「幕末」七〇年)、内田吐夢(宮本武蔵「般若

坂の決斗」六二年、「二刀流開眼」六三年、「一乗寺の決斗」六四年）、今井正[*33]（「武士道残酷物語」六三年、ベルリン国際映画祭金熊賞受賞、「仇討」六四年）、田坂具隆（「親鸞」六〇年、「ちいさこべ」六二年、「冷飯とおさんとちゃん」六五年）などの巨匠が使いこなしてきた。

「あんたのことを映画界では一流監督だと思ってるぜ。その一流監督が錦之助を使いこなせないわけがないじゃないか」

そうやって拝み倒して、彼にやり通してもらった。おかげさまで、あの映画は、最後の時代劇と受け止めてくれたお客さんが多かったのか、天地がひっくり返るほど客が入った。映画館の周りを人がぐるっと囲むなど久しぶりのことだった。

一九七八年、その作品で錦之助が第二回日本アカデミー賞の優秀主演男優賞を受賞し、配収は一六・二億円である。

「柳生一族の陰謀」というタイトルは、佐分利信が出た山崎豊子の「華麗なる一族」も頭にあった。

＊33　いまいただし（1912〜1991年）「青い山脈」「ひめゆりの塔」「にごりえ」などを監督。

「蔵」で日本アカデミー賞優秀作品賞を受賞。右端に松方弘樹、中央奥に新藤兼人、左端に中野良子。

主役の錦之助が演じたのは徳川家光である。撮影のあいまに深作さんの泣きが何度も入った。「芝居が古臭くてかなわん、錦之助に言ってくれ」というのである。大御所だから、自分からは言えないというのである。とうとう、降りる、とまで言い出した。

要するに錦ちゃんは、文語体の、千恵蔵さんのような調子で台詞を言うわけである。一方、作さんは一貫して口語体の監督である。そこに大きな齟齬があった。なぜ「そうだ」ではなく「ござりまする」なのかというわけである。作さんは腹が立ってしょうがないが、矛先を向ける相手は私しかいない。

作さんがいくら言っても、いまさら錦ちゃんをすげ替えるなどできない。「一心太助」

で生きのいい台詞をパンパンとくり出した錦之助さんである。何か考えがあるにちがいない。なんとかなだめて、とうとうラストの場面。錦ちゃんが「夢じゃ、夢じゃ、これは夢でござる！」と大音声を上げるのを聞いた作さん、ようやく錦ちゃんが古臭い演技を続けてきた意味が分かったという。この重たい、狂気の台詞に釣り合うように、逆算して演じていた、と気づいたというのである。

このラストの大仰な台詞を目指して錦之助は芝居を積み上げていったわけで、そのためには古風な演技の方が相応しい。さすがの深作も錦ちゃんの深慮遠謀のすごさに参ったの図である。

錦之助はしたたかな役者で、そしてうまい役者である。笠原さんが証言しているが、錦之助の話す言葉が脚本に合わないと思ったら、じつはその主人公の生地を調べて、お国なまりを工夫していたのだという。錦ちゃんというのは、そういうことをする人なのである。

＊五社の唸るような演出法

監督五社英雄は、速射砲のようにアイデアをくり出す人である。あわせて、とても実現できないような大ぼらを吹く。本人はほらを吹いているとは思っていない。イメージが勝手に膨らんでいくらしい。そのうちに、現実とウソの境目もなくなってしまう。

「陽暉楼」で女衒の緒形拳が、女郎の値踏みをするところがある。女の歯をコンコンと叩き、着物の脇から手を差し入れて胸を触り、後ろを向かせてお尻をまくり上げ、股ぐらに手を突っ込み、一〇〇円札を出す。そうやって、女の値段を弾き出すという演出である。なんとすごいことをやる監督か、と驚嘆した。

彼の父親が実際に吉原あたりで女衒みたいなことをしていたのではないだろうか。この演出の出所はそんなところではないかと思う。

彼は芸者の子で、自身も芸者に子どもを生ませている。あとでその子が五社さんに会いに撮影所まで来たことがあった。

五社さんの父親は、息子が予科練に行くというので、「二日間、思い切り遊んでこい」と金を渡したという。それで五社さん、ふらふらになるまで遊んだという。ちょっと珍しい親子関係である。

五社さんの作品は重戦車の趣があり、作さんのは軽戦車である。五社さんも編集好きだが、作さんのようなスピード感を意識しているわけではない。それよりも、彼独特のテンポを生み出すことに精魂を傾けたのではないだろうか。

意外かもしれないが、五社さんは女優の扱いは下手だった。かなりきついことを言うから、反発されるのである。「君、いままで何をやってきたんだ。一生懸命やってその程度の芝居か」と言う。岸惠子に「ネエちゃん、ネエちゃん、違うがな、こっち向け」である。

もちろん愛する（岩下）志麻さんには絶対にそんなことは言わない。大女優であるし、内心惚れていたからである。「なんであんなつまらん篠田（正浩）と結婚したんだ。おれがいたじゃないか」と志麻さんに言っていた。

私と組んだときの五社さんは四面楚歌で、拳銃の不法所持でフジテレビはクビ、娘は交通事故で重傷、女房がホストに入れ揚げて億単位の借金をつくり家出をしていた。俳優座の佐藤正之さんに仲代達矢を貸し出す代わりに、五社を使ってほしい、と頼まれたのがきっかけだった。五社さんは新宿で飲み屋を開いて、監督業を辞めるつもりでいたらしい。だから、映画の成功で復活できた、と私のことは下にも置かない扱いだった。

仲代・志麻の養女役の夏目雅子[*34]は、佐藤さんの子分がマネージャーをやっていた関係で紹介されたのが縁で起用した。

＊34　なつめまさこ（1957〜1985年）「時代屋の女房」「南極物語」「瀬戸内少年野球団」などに出演。

＊二種類の監督

いままでの記述でも分かるように、監督には二種類あって、それは俳優を乗せて演出する人と、きついことを言って発奮させるタイプである。

深作は褒める監督で、役者のいいところを何とか引っ張り出そうとする。「おまえのいいところはそこだよ」「それほど大きく芝居を広げてくれたら十分だ」とおだてられたら、監督と一緒に生きていきます、となる。役者を最高のテンションにして、芝居させるのである。

その逆が五社英雄、山下耕作、小沢茂弘[*35]監督で、きついことを言いながら、相手に「なにくそ」と思わせて、これまた逆の意味で発奮させる筆頭であろう。口の悪い小沢さんなどは、最後はいろいろな俳優に嫌われていた。五社さんも人が傷つくようなことをぱっぱっと言うので、テンションを上げる前にエネルギーを摘み取られてしまう役者もいた。

小津さんは言葉ではなく、実際の演技で絞り上げた監督であろう。小津さんが何も文句を言わず、好きにやらせたのは杉村春子[*36]だけだという。

黒澤明は俳優を鍛える監督と言えるかもしれない。役者本来の持ち味を引っ張り出すやり方だが、実際にやられる方はたまったものではない。三船敏郎さんも仲代達矢さんもハンパではない鍛え方をされている。

仲代さんが、「乱」でショーケンこと萩原健一[*37]が黒澤さんに絞られに絞られているのを見て、よく我慢したものだ、と感心していたのを思い出す。健さんが黒澤のオファーを、「居酒屋兆治」の先約があるので断ったという話があるが、ショーケンの話を聞くにつけ、健さんに耐えられただろうかと疑問である。

戸井十月の著書に仲代さんと黒澤の関係について触れている箇所がある（『植木等伝「わかっちゃいるけど、やめられない！」』）。植木が「乱」にキャスティングされたので、内部事情を知っているのである。

スタッフや主な役者一同で食事会となった。席につくと、植木の方が仲代さんより上席になっていたので、植木が監督に異議を申し立てたところ、黒澤が憤然と席を立っていったという。黒澤さんには役者に対して絶対的に君臨する向きがあったのではないか、と思わせられる話である。

＊35　おざわしげひろ（1922〜2004年）「喧嘩太平記」「博徒」「三代目襲名」「博徒七人」などを監督。
＊36　すぎむらはるこ（1906〜1997年）「小島の春」「東京物語」「晩菊」などに出演。
＊37　はぎわらけんいち（1950年〜）「約束」「青春の蹉跌」「もどり川」などに出演。

＊監督のことを知り尽くさないと怖い

監督というのは傲岸不遜でありながら、繊細な生き物でもある。彼らにいい作品を撮ってもらうには、ある程度、自由に任せる会社、そしてプロデューサーが要る。

われわれプロデューサーは、監督と寝食を共にし、食ったり飲んだり遊んだりして、あいつのことならあいつの女房より知っている、というぐらいに全身で理解できないと、彼らに賭けることができない。そこを曖昧にしたまま仕事をするのは非常に怖い。

たとえば、深作とは女の問題を含めて、彼の裏表まで見届けている。それは多少の濃淡があるが、ほかの監督にも言えることである。そういう安心感がないと、いい映画は絶対に撮れない。人間的な信頼関係がない状態で進めて、こいつどこで居直るかな、などと考えているようでは、出来はたかが知れている。

自分の家を売り払っても間に合わないスケールの映画をつくるときは、相手のことを知り尽くしていないと冒険はできない。プロデューサーがそこまでの付き合いをしないで賭けに出ると、たいていは失敗する。

＊つねに新しい監督と

私は新しい監督を見つけることに貪欲だった。たとえば津川雅彦[＊38]とは三、四回、作品の打ち合わせをしている。パートタイマーの人々を扱うもので、ほぼ脚本までできていた。当時、家庭の外に出て働かないと家計がもたないということで、一二〇〇万人以上の主婦のパートタイマーがいた。そういう人たちに向けてつくろうと思って考えた企画である。

苦労しながら家庭のために稼ぎ、子どもを育てても、家計は火の車。そのてんやわんやを喜劇調でうまく話にできれば、絶対にお客さんが入ると思った。大がかりなセットも必要ない。

津川さんは徹夜でホンづくりにも参加してくれたり（脚本松田寛夫）、この企画にものすごく色気を感じてくれていたが、最後の決断がつかなかった。私はそのときはフリーの立場だったのだが、ホン代と取材費の一千万は、独立プロの社長が出してくれた。

津川さんはあのあとマキノ雅彦の名前で「寝ずの番」という喜劇を撮っている。父親が死

＊38　つがわまさひこ（１９４０年〜）「狂った果実」「マノン」「ひとひらの雪」などに出演。

に際に言った「おそそ」という言葉から一悶着起きるというものである。

＊「極妻」の監督を一作ごとに替えた理由

「極道の妻《おんな》たち」のシリーズは、一作目が五社英雄、二作目が土橋亨[*39]、三作目が降旗康男、四作目が山下耕作

「極道の妻たち」

といった具合に、その都度監督を替えている。

その理由は、監督が替われば味が変わって飽きがこないというのもあるが、固定の監督、たとえば五社さんに決めると、このシリーズが彼の作品になってしまい、プロデューサーのものでなくなるからである。

私は、「仁義なきは深作」、「寅さんは山田」のようになってしまうのが嫌だったのである。スケジュールの関係で監督が替わったのかと訊《き》かれることがあるが、それはまったく違う。

映画は監督のものと見られていて、脚本家の地位も低い。もしかすると、プロデューサーより低いかもしれない。というのは、監督やプロデューサーは俳優など華やかな人とも付き合うことがあるので、名前や顔が外に出ることがあるが、脚本家にそういうチャンスはない。

私はそういう慣習を少しでも変えたい、と思ったので、「極妻」で一作ごとに監督を替えたのである。

＊役者が監督をやる

役者の中には、監督なんかなんぼのもんじゃいと思っているような人間がいる。その最たる者が勝新太郎[＊40]だろう。黒澤映画「影武者」（一九八〇年）の主役降板は有名な話だが、自分でも映画を撮り始めていた勝さんと黒澤さんは、要するに哲学というか、世界観が違ったのである。

役者さんで監督をやる人は多いが、際立つのはやはり伊丹十三[＊41]さんだろう。「お葬式」（一九八四年）、「マルサの女」（一九八七年）の監督としての方が、通りがいいくらいである。「お葬式」で、納棺してバンバンと釘を打って、緊張感をもたせたあと、チーンと鳴って緊

＊39　どばしとおる（1941年〜）「緋牡丹博徒　お竜参上」「実録飛車角　狼どもの仁義」「魔界転生」などに助監督として付く。
＊40　かつしんたろう（1931〜1997年）「悪名」「兵隊やくざ」「座頭市」各シリーズに出演。
＊41　いたみじゅうぞう（1933〜1997年）「タンポポ」「あげまん」「ミンボーの女」などを監督。

張感が一瞬にほどけるところなど見事である。

あるいは、情事のあと、女がティッシュペーパーを股に挟んでトイレに行くところも秀逸である。

「マルサ」も印象に強く残る映画である。軽快な繰り返しのメロディとともに、隠す者と暴く者の攻防が続いていく。女の股に手を入れながら、電話で株の売買の話をする山﨑努[*42]が絶品である。そばかすにオカッパなのに、男口調の優秀な捜査官、宮本信子[*43]も新境地を開いた。たしか伊丹さんには郷里松山の菓子屋さんだかが支援者に付いていたはずである。最初の「たんぽぽ」あたりは、何千万ぐらいの小さな予算だったと思われる。

アメリカでも役者が監督業に進出するのが流行になっている。監督のすぐそばにいるのが彼らだから、当然といえば当然である。自分が注意されたこと、ほかの役者が指摘されたことなどが血肉となっているから、演出の勘所は知っている（はずである）。

そのうち自分ならこう撮りたいというのが出てくる。しかし、作さんや五社さんが見せたような、人をアッと言わせるような演出ができるかどうか。それは、ひとえに演出の才能があるかどうかにかかっている。

ところで現代は、監督が資金集めをしなくてはならない状況がある。なかなか創作と資金問題の両方を兼ねるのは荷が重いはずである。そういう意味でも、プロデューサーが必要なのである。

アメリカの場合、ニューヨークの銀行がバックにあって融資するかたちで、映画産業が発展してきた歴史がある。ハリウッドはいつも遠く東を向いて映画をつくっていたわけである。

＊悔やんでも悔やみきれないこと

私がいまだに悔やんでいることがある。それは「仁義なき」で飯干晃一さんを取材した帰りに、笠原さんがふと洩らした言葉がまだ心に引っかかっているからである。

笠原さんは言った。

「見てみい、新聞記者さんでこんな立派な家を建ててるんだぞ。おまえは、おれになんぼ払っているのか」

それは叱責と言ってよかった。たしかに、私は彼の脚本料を増やしたり減らしたりできる立場にいた。作さん、五社さんの演出料にしても同じである。彼らに対する支払いを削った

＊42　やまざきつとむ（1936年〜）「天国と地獄」「八つ墓村」「タンポポ」などに出演。
＊43　みやもとのぶこ（1945年〜）「大病人」「静かな生活」「眉山」などに出演。

ところで、私が儲かるわけでもないのに、なぜ大盤振る舞いしてあげなかったのか。五社さんにしても、最後あれだけ貢献してくれたのだから、もっと報いてよかったはずなのである。本当にすまないことをしたな、と思っている。

もう一度プロデューサーがやれるなら、このことを第一に考えたい、と思うくらいである。

むかしの映画人のギャランティは相対的に高かった。私が東映に入ったころは初任給が一万二、三〇〇〇円だったが、佐々木康[*44]、松田定次などの監督は作品一本につき二〇〇万円以上取っていた。太秦の大きな土地を一挙に買えるようなギャランティである。

映画はそこから全体的に斜陽の道を歩んでいく。かつていい目を見ていただけに、先細りの感覚はわれわれの緩んだ経済観念を痛打した。大川博が社長として乗り込んできたのも、大リストラ策を実行するためである。そういうなかに私もいて、どうしても大盤振る舞いができない風潮に縛られていた。

概して創作に関わる人間は、ギャランティを増やしてくれ、とはなかなか言わないものだ。笠原さんにしてもその一回だけ、あと五社さんがふと洩らした一回があるだけである。東映の調子のいいときに言ってくれればよかったのだが、それでも彼らは言わなかった。武士は食わねど高楊枝で、自分があくせくしているところを人に見せたくなかったのではないか、と思っている。

黒澤さんは、ギャランティに関してきちんと言う、というので当時、有名だった。その家は当時珍しい冷暖房付きで、すごい豪邸だと尾ひれが付いていた。しかし、東宝や松竹は巨匠に対して、それなりの対応をしたのではないだろうか。

そういう意味では、東映がいちばんケチだったのかもしれない。なにしろ五社さんで一本一〇〇〇万円である。作さんで二〇〇〇万円にいくかいかないかである。脚本家も同じようなものだったが、監督と違って、けっこう前借りをする人がいた。

4　演技をしないのがスターである

＊三人の天才的スター

マキノ雅広が、天才的なスターとして健さん、藤純子、そして森繁久彌[*45]さんを挙げていた、

＊44　ささきやすし（1908〜1993年）「そよかぜ」「はたちの青春」「懐しのブルース」などを監督。
＊45　もりしげひさや（1913〜2009年）「新・三等重役」「社長」「駅前」の各シリーズなどに出演。

と小林信彦氏がエッセイで書いていた。マキノがどういう意味でそれを言ったかは、書いていない。

森繁さんがスターであり、かつ芝居がうまいことは折り紙付きである。彼自身の転機となった「夫婦善哉」（一九五五年）で見せたあの演技！　大阪のぼんぼんが、女給をやるような女にもたれかかりながら、しょうもなく生きていく様を描いた絶品である（この作品に出ることをマキノ雅広さんが勧めたという）。

相手役の淡島千景[*46]が勝ち気でありながら、そんなどうしようもない男と離れられないけなげな女を演じている。二人は以後、絶妙のコンビとして「駅前」（一九五八年）シリーズを撮っていく。

藤山寛美が、これは敵わないと言ったシーンがある。森繁がだらしなく丹前を羽織って、二階の窓際に七輪を置いて、小さな鍋で昆布をとろとろと炒り煮をする。あのしょぼくれた感じは出せない、というのである。

森繁さんがこの映画が転機になって、本領であるコメディばかりかシリアスでも演技の冴えを見せて、喜劇人の懐の深さを見せつけ、渥美清はじめ後に続くコメディアンの目標となったことは、あまりにも有名である。

森繁さんは小芝居も全部、自分のものにしてしまう印象がある。誰かに意見を言われて、はい、と返事しながら、何かゴニョゴニョと真情を洩らすようなところに、森繁さんらしさがあった。

森繁の芝居の反応の早さを指摘する人があるが、たしかに相手の言葉が終わらないうちに、被せるように台詞を言うところがあった。

森繁さんが立っているだけで芝居をしていたのは、「人生劇場　青春篇」の吉良常（東宝、杉江敏男監督、一九五八年）ぐらいで、あとは細かに何かをやっている。あの小津安二郎監督をだめ監督と言ったのは、森繁さんぐらいではなかったか。

「小早川家の秋」（一九六一年、東宝）で彼にまったく演技をさせなかった、と言って怒っている。小津の〝演技殺し〟（私の命名）は有名で、何十回でも単純な演技を繰り返させて、役者から余分な演技臭さを奪ってしまったという。森繁さんには許しがたいことだったろう。

森繁さんが加藤泰と撮った「人生劇場　青春篇・愛欲篇・残俠篇」（一九七二年）のエピ

＊46　あわしまちかげ（1924～2012年）「麦秋」「お茶漬けの味」「喜劇　とんかつ一代」などに出演。

ソードが面白い。加藤さんは頑固そのもので、こうと決めたらテコでも動かない。思い込みが激しすぎるのか、自分でホンを書いて演出すると、映画が甘くなる傾向があった。

話はこうである。森繁さんは青成瓢太郎の役で、死んで寝ているのを、加藤さんお得意のローポジションで撮って、死体の向こうの青成瓢吉を映している。しかし、森繁さんが息をするので蒲団が上下する。もちろん監督は、止めろ、という。それで午前中は押して、午後の本番になったところで森繁さんが爆発した。

「バッカモーン、俺だって生きてるやないかい。息ぐらい吸うがなっ」

こんなんで撮影できるか、と出ていったという。

一四年も続いた森繁さんの「社長」シリーズは三木のり平[*47]のほかに小林桂樹[*48]、フランキー堺[*49]が常連で、笑いと軽い下ネタを絡めて、時流も取り入れながら、サラリーマンの生態をユーモラスに描いたものである。下ごころ一杯の社長さんだが、妻の監視が厳しく、なかなか思いを遂げられない、というのが毎回のお決まりである。そのお相手が池内淳子で、見ているこっちとすれば、なんともったいない、と溜息が出るような展開である。

一方で、お色気をそれぐらいで抑えていたから、一五年もの長きにわたってシリーズが続いたとも言える。あれで社長が好き放題女性に手を出していたら、観客の反感を買って、シリーズはもたなかったかもしれない。それに、一緒に見に来る女性陣の支持も失ったことだろう。

妻役の久慈あさみ[*50]とのやりとりはいつも艶っぽく、すでに大きな子がいるのに、お盛んである。久慈が一緒にお風呂に入ろうとすると、嬉しいような、困ったような顔をして、ぷっと横を向くところなど、いかにも森繁さんの演技なのである（ついでだが、社長の家のお風呂にしては、極端に小さい）。

森繁さんの話をしてきたが、ではマキノが健さん、純子を天才として挙げたのはなぜだったのか、ここから考えていきたい。そこに文ちゃんも加えよう。

＊試される役者

健さんが任侠映画でイメージが固まるまでに、サラリーマンものなど、いろいろな映画に

＊47　みきのりへい（1924〜1999年）「エノケンの天国と地獄」「のり平の三等亭主」などに出演。
＊48　こばやしけいじゅ（1923〜2010年）「裸の大将」「江分利満氏の優雅な生活」「黒い画集　あるサラリーマンの証言」などに出演。
＊49　ふらんきーさかい（1929〜1996年）「私は貝になりたい」「雲の上団五郎一座」「写楽」などに出演。
＊50　くじあさみ（1922〜1996年）「ブンガワンソロ」「社長」シリーズなどに出演。

出ていたことは、先に記した。しかし、どれもお仕着せの服を着ているようで、ぴったりこなかった。もし、あそこで終わっていたら、いつしか知らないうちにスクリーンから消えていく役者さんの一人になったことだろう。

任侠の映画に出合って、健さんは命拾いしたのである。ふつうは路線変更にはいろいろと摩擦が生ずるものだが、それまで売れていなかったことが、かえって彼の転身には幸いした。やがて健さんはただ立っているだけで、任侠の雰囲気をふっと出すことのできる役者さんになっていった。背広を着て、あれだけ饒舌に喋っていた役者さんの見事な変身である。いってみれば、健さんは役者として二つの人生を生きた、という言い方ができるだろう。

ロバート・デ・ニーロ[*51]でも、アル・パチーノ[*52]でもいいが、初期に持っていたイメージを微調整しながら役の幅を広げていくのが常道だろう。名優マーロン・ブランド[*53]しかり、である。健さんのようにある時期から、まったく違う軌道に切り換えるというのは、そうあるケースではない。

もちろん長いキャリアのなかで、意欲的な役に挑み、もう一段、その役者の評価が上がるということはよくあることである。「鬼龍院花子の生涯」を演じた岩下志麻[*54]さんなどは分かりやすい例である（出演を承諾するかどうか相当な迷いがあったが）。

いままでと違う役柄に挑戦するのは、役者さんにとって、とてもリスキーなことである。不評であれば、それまで培った名声を失う危険性がある。清純可憐で売っていた夏目雅子の場合、体当たりの裸の演技で評価を高め、ほんまもんの役者として認められるきっかけになった。リスクを取って成功した例である。

役者には、同じ演技でずっと売れるかどうか、という問題もあれば、年齢とともに求められるものが変わり、それに対応できるかという問題もある。その節目、節目で役者はその力を試されているとも言える。

＊一本の映画をもたせる主演俳優の条件とは？

私は、本来のスターというのは、健さんや文太、純子、志麻さんのような、ある種の雰囲気を醸し出せる人のことを言うのではないか、と思う。それは演技のうまい、下手を超えて

＊51　ロバート・デ・ニーロ（1943年〜）「タクシードライバー」「ゴッドファーザー PARTⅡ」「レイジング・ブル」などに出演。
＊52　アル・パチーノ（1940年〜）「ゴッドファーザー」「スケアクロウ」「狼たちの午後」などに出演。
＊53　マーロン・ブランド（1924〜2004年）「波止場」「欲望という名の電車」などに出演。
＊54　いわしたしま（1941年〜）「古都」「五瓣の椿」「心中天網島」などに出演。

いる。生まれついての素質、天性である。その人の持っている雰囲気というのは、後から付け足せるものではない。

裕次郎さんもある意味、そう器用な役者ではなかった、と思う。川島雄三[*55]監督の、いよいよ声名の高い「幕末太陽傳」（一九五七年）に裕次郎さんが出ているが、どうもミスキャストとしか思えない。

はまったときの裕次郎さんには、スクリーンからふわーっと圧力みたいなものを感じたものだ。それをオーラと言えば簡単だが、スターには欠かせないものである。

私は緒形拳さんといろいろ組んでいるが、師匠の辰巳柳太郎[*56]さんから厳しい緒形評を聞いたことがある。

私は緒形さんとは不思議な縁がある。今村昌平監督と組みたくて、佐木隆三原作の「復讐するは我にあり」を企画として、会社に上げたことがあった。しかし、岡田が頑としてオーケーを出さなかった。「連続殺人鬼の暗い話、誰が見るか」というわけである。私とすれば、次に誰がどうやって殺されるか、というハラハラドキドキの映画にするつもりだったのだが。

残念ながら、今平さんはその映画を松竹で撮り、主役に緒形拳さんを抜擢した。映画はヒットし、今平さん復活の映画となった（彼はしばらくドキュメントに打ち込んだ後だった）。

佐木隆三さんがわざわざ「復讐するは」の原稿をもって京都まで会いに来てくれたのに、逃した魚は大きかったかもしれない。佐木さんは、奥さんと初めて新幹線のグリーン車に乗った、と興奮して話していた。

緒形さんの話に戻すと、新国劇で緒形さんの師匠格にあたる大御所、辰巳柳太郎さんが、彼を評して、「うちでは籠かきの役者です」とおっしゃっていたのを思い出す（辰巳さんとは今平の「楢山節考」でご一緒している）。

この言葉には、何か辰巳さんなりの役者評価の仕方が潜んでいるのかもしれない。あるいは、舞台で演じることと、映画・テレビで演じることの違いをおっしゃっていたのか……。

緒形さんは新国劇のホープとして入団二年目の研究生のときに「遠い一つの星」で主役を演じ、舞台、テレビ、映画と順調に活躍の場を広げた人であると思う。

辰巳さんの言葉の裏を返せば、そういう評価の人が見事に才能を開花させたとも読めるわけである。人を見るときはつねに可能性をもったものとして見ないといけない、と切に思う。

ついでにいえば、息子の緒形直人[*57]が主演した「優駿　ＯＲＡＣＩＯＮ」（一九八八年）と

＊55　かわしまゆうぞう（1918〜1963年）「洲崎パラダイス赤信号」「わが町」「雁の寺」などを監督。
＊56　たつみりゅうたろう（1905〜1989年）新国劇で机竜之介、宮本武蔵、坂田三吉などを演じる。

いうのはいい映画だったが、あれはうちもやりたかった企画である。競り合って勝ったのが俳優座の佐藤正之さんである。「優駿」の監督はフジテレビの杉田成道であった。

＊演技をしない役者

健さんが「幸福《しあわせ》の黄色いハンカチ」（一九七七年）で日本アカデミー賞主演男優賞を取った翌年、「冬の華」に出て、足長おじさんの役をやっている。映画の冒頭で、やむない事情で池部良と渡り合い、殺《あや》めたかどで健さんは服役する。

刑務所から住所を変えて、池部の娘の池上季実子[*58]に定期的にお金を送る健さん。刑期を終えて、その娘の勤める喫茶店に顔を出す。席に座っていると、それらしき女が店に入ってくる。すると、手に持っていたコーヒーカップが皿に当たって、カタカタと音を立てる。

なんと間抜けな演技かと噴き出してしまう。そういう余分なものを一つひとつ削《そ》ぎ落として、健さんは自分の演技の幅を広げていったように思う。私がけっしてうまい役者ではない、というのはそういう意味なのである。

降旗と撮った「駅 STATION」（一九八一年）になると、もう完全に健さんの世界が出来上がっている。有名な、大晦日の倍賞千恵子[*59]との掛け合いのシーンは、余分なことは一切言わずに、最後、カウンターに座る健さんの肩に倍賞が頭をもたせかけるまでを、淡々と演じて、不自然さがない。

私が俊藤さんのサブについた「バカ政ホラ政トッパ政」（一九七六年）で文ちゃんは、実は微妙な演技を求められる役どころである。惚れた女、倍賞美津子[*60]と子までなしながら、やくざ稼業で一緒に暮らすこともできない。スナックで働く倍賞に花束を持っていったり、居所を突きとめてかき口説いたり、見せ場はいくらでもある。しかし、文ちゃんは細かいことは一切しない。いつもの文太で通すのである。

では、藤純子はどうだろう。

純子はマキノ雅広の秘蔵っ子で、父親の俊藤さんが頼み込んで、一五、六歳のころから育ててもらった女優さんである。ふだんは気づかないが、ふとしたときに怖ろしく古い演技だなと思うことがある。純子は芸者や賭博師、彫り物師などの役が多いので、元来、型にはま

＊57　おがたなおと（1967年〜）「優駿」「タスマニア物語」「戦場に咲く花」などに出演。
＊58　いけがみきみこ（1959年〜）「HOUSEハウス」「太陽を盗んだ男」「華の乱」などに出演。
＊59　ばいしょうちえこ（1941年〜）「下町の太陽」「霧の旗」「遙かなる山の呼び声」などに出演。
＊60　ばいしょうみつこ（1946年〜）「喜劇　女は度胸」「復讐するは我にあり」「ええじゃないか」などに出演。千恵子は姉。

った演技が気にならない人なのである。

桜町弘子もマキノ学校の一人だが、マキノさんの型にあまり染まらなかった女優さんである。

純子のどの映画を取り上げてもいいが、たとえば「昭和残俠伝　唐獅子仁義」（一九六九年）で、同僚の芸者が悪い男に言い寄られるシーン。男はすごみを利かせているわけだが、純子は男の周りを扇子を掲げて回りながら、「野暮よ、野暮よね」で、同僚とその部屋をすっと出ていくのである。

まさかそんなことで急場がしのげるはずはないが、マキノの演出なら、それが許せてしまうのである。これが映画の妙というものである。ほかの監督がやれば、ウソが見えて白けてしまうのではないか。

マキノ流の演出には、それと気づかない気配りがそこらじゅうになされている。私は東映に入ったころからマキノさんの下についていたので、いろいろと勉強をさせてもらった。

たとえば、着物を着た女性がしゃがむ場合、帯で息が詰まるので、事前にすっと両手を帯に入れると、息がしやすくなる、といったことを女優さんに教えるのである。

後ろ手に障子を閉めるだけなのに、パンと派手な音をさせるのも、マキノ流である。別に音を立てずに、すっと閉めてもいいのだが、マキノさんはそういうことにこだわる。

それを人は〝外連味《けれんみ》〟と呼ぶが、映画には大事なことで、そういう細部が映画のテンポをつくっていくことをマキノさんは十分に承知しているのである。

ある意味、直にその外連味を継いだのは、深作ではないか、と私は思っている。前にも挙げた「人斬り与太　狂犬三兄弟」を例に出してみよう。組にだまされて借金以上の金を要求されて困る工場主に、三人は助け船を出すふりをして大金をせしめようとする。

小さくなっている工場主を挟んで、狂犬三人がにやにやしている図で、文太などはソファにひっくり返って、天井を見つめている。ほかの二人は工場主の左に詰めて、椅子に座っている。それを俯瞰で撮っていて、か弱い獲物をどう料理してやろうかと手ぐすね引いている感じがよく出ているのである。そこまでやるか、という絵である。

こういったシーンを深作は何気なく挟み込む。〝外連〟を説明するのは難しいが、ではこのシーンをほかの監督ならどう撮るだろうと思うと、おそらく工場主をさんざんいたぶるだけで、俯瞰の奇妙な絵にはしないだろう、ということだけは分かる。

＊演じ上手

演技のうまい人の話も少ししておこう。

私の関わった役者さんでいえば、錦之助、鶴さんが筆頭だろう。

女優では十朱幸代、三田佳子[*61]を挙げる。

あと東映では客演の池部良さん。渋谷実[*62]監督「現代人」（一九五二年）という映画に出ていて、これがいい作品だった。あとに述べる山村聰[*63]が建設官僚で、病気の愛妻の費用を捻出するために建設会社の不正に手を貸す。池部さんはその山村の下に付いた官僚の役で、悪に染まらず悪事を働く複雑な役回りである。

山村聰さんと言えば重厚な役回りが多い人だった。川島雄三の「女は二度生まれる」（一九六一年）などで、女を脅して畳に包丁を突き立てるような役などをやっているが、落ち着いた紳士然とした役が多い印象である。

その山村さんのあるエピソードをどこかで読んだことがある。落ちぶれた大店の息子の役で、主役だったという。飯を食うシーンがあって、それを先輩役者に諫《いさ》められたという。「落ちぶれたとはいえ主役なんだから、それらしい食い方をしろ」。山村さんは、それを貴重なアドバイスとして、胸にしまい込んだというのである。

私は、三國連太郎ならどうするだろう、と考える。彼ならきっと、乞食の食い方をするだろう。口の周りを飯粒だらけ、涎を垂らしながら、がつがつ食いまくるだろう。

連ちゃんとはかなり付き合った方だが、難しい役者の代表格かもしれない。あるいは、狂気の役者さんと言っていい。彼は約束を絶対に守らない男で、今日何時に行くから待っててくれ、と言っても当てにならない。一日待っても来ない、ということはざらである。

岡田茂は連ちゃんと同世代で、何回も裏切られ、騙されているので、彼を配役に入れることを嫌った。しかし、それでも私は彼とやりたかった。連ちゃんは陰のある、愁いのある役をやらせたら、さすがに巧い。今村昌平さんとも二作やっている。「神々の深き欲望」（一九六八年）、「復讐するは我にあり」（一九七九年）である。

内田吐夢監督の名作「飢餓海峡」（一九六五年）での名演が忘れられない。自分の過去が明かされていくときのおどおどしながらも、地方の名士となった男の矜持を見せるところな

＊61　みたよしこ（１９４１年～）「武士道残酷物語」「沈黙　ＳＩＬＥＮＣＥ」「Ｗの悲劇」などに出演。
＊62　しぶやみのる（１９０７～１９８０年）「てんやわんや」「本日休診」「大根と人参」などを監督。
＊63　やまむらそう（１９１０～２０００年）「蟹工船」「山の音」「四十八歳の抵抗」などに出演。

ど、連ちゃんならではないだろうか。モノクロ映画なのだが、連ちゃんの顔が青白く抜けるようである。

この映画に出ている若い刑事役の健さんは、型どおりの演技だが、実にハツラツとしている。コメディアンの伴淳三郎[*64]が北海道警の、しつこく事件を追いかける刑事を演じているが、これも配役の妙であった。

連ちゃんでもう一つ思い出すのは、山本薩夫[*65]監督の「にっぽん泥棒物語」(一九六五年)である。深夜の土蔵破りの最中に松川事件という大事件に遭遇した泥棒を演じている。法廷で証言する場面が傑作で、まじめに答えながら脱線するさまに、廷内は笑いに包まれる。連ちゃんのうまい芝居につい釣り込まれてしまう。

連ちゃんは、晩年、「釣りバカ日誌」というコメディで、軽妙な社長さんの役をやっている。このキャスティングには、やられた、という感じである。さんざん連ちゃんの濃い演技を見てきた私としては、まだ別の引出しがあったのかと唖然とした。

山村さん、連ちゃん、たしかにうまい役者さんだが、では国民的な人気を得ることはできるかといえば、別である。ここに三船敏郎を引き合いに出してきてもいい。彼は演技がうまいというよりは、押しだしてくる圧倒的な存在感に心を動かされるのである。

後年、揶揄の対象になった寝具の宣伝で、「寝てみたい」と下手な台詞を言ったのを覚えておられる方もいると思う。それを見ても、決して上手な役者ではないことが分かるはずである。「七人の侍」ではキャッキャッと猿のような声を上げて飛びまわり、ほとんどまともな台詞がない。

＊岩下志麻という女優

「極道の妻《おんな》たち」で主役を演じた岩下志麻さん、彼女もけっして器用な役者ではない。あの映画では、どっしりと構えて、動じない役柄を演じているということもあるが、細かい演技をする人ではない。

彼女は、夫である篠田正浩[*66]さんが撮った「はなれ瞽女《ごぜ》おりん」（一九七七年）で日本アカデミー賞最優秀主演女優賞を取った日本を代表する女優さんである（健さんも同年、最優秀主演男優賞を取っている）。その映画では、瞽女の掟を破ったことで独りで生きていくしか

＊64　ばんじゅんざぶろう（1908～1981年）「伝七捕物帳」「二等兵物語」「駅前」各シリーズに出演。
＊65　やまもとさつお（1910～1983年）「太陽のない町」「松川事件」「忍びの者」などを監督。
＊66　しのだまさひろ（1931年～）「桜の森の満開の下」「鎗の権三」「スパイ・ゾルゲ」などを監督。

なくなった女が、ときに男の身体のぬくもりを求めて、旅を続けるさまが描かれている。厳しい東北の風景、垣間見たこともない盲《めし》いた人々の所作、瞽女の風習、それを受け入れる人々の思いなどを多層的に描いて、記憶に残る映画である。

しかし、岩下さんは何か印象に截然と残るような演技をしているわけではない。好き合った原田芳雄[*67]、これは軍隊からの脱走犯なのだが、彼に抱いてくれ、と迫るシーンにはほだされるところもあるが、全体はやはり岩下志麻という役者さんが厳然とそこにいるという存在感でもっている。

「極妻」でも、成田三樹夫[*68]にクルマの中で、着物の間から手を入れられるシーンがあるが、堂々と志麻さんはその手をのけている。悠揚迫らぬ、というか……、やはり貫禄である。

私が関わったスターたちは、おしなべて存在感で通した役者さんが多い。もちろん、美形で、姿形がいい、という条件はあるが、一時間半以上もの上映時間をもたせるには、細かい演技の積み重ねではもたないのである。

*東映の悪役、脇役は光っていた

東映には安部徹、天津敏[*69]など色濃い悪役を演じる役者が揃っていた。この人たちがスクリーンに出てくるだけで、画面がぐっと引き締まる感じがあった。今度はどこまで健さんや鶴さんをいじめるんだろう、という期待感（?）が胸中に湧いてくるのである。

決して芝居のうまい人たちではなく、やはりあの〝悪〟の存在感が魅力だったのである。先に触れた「はなれ瞽女おりん」に安部徹が出て、小悪党を演じている。おりんを海浜の疎林で犯す行商人の役だが、あれだけふてぶてしい悪党を演じた彼が……と思い、情けなくなったものである。

任侠映画がもったのは、主役ではなく、じつは脇役がよかったからだ、という意見がある。分からないでもないが、では脇だけで映画ができるのか、と言えば、無理なことはすぐ分かる。脇があってのスターであり、スターあっての脇なのである。

脇では長門裕之[*70]が抜群にうまい。もてない役どころだが、一途に女に惚れている。何度振られてもめげない男でもある。相手が実際に夫婦だった南田洋子なら、掛け合いが真に迫っ

*67　はらだよしお（1940〜2011年）「赤い鳥逃げた?」「竜馬暗殺」「ツィゴイネルワイゼン」などに出演。
*68　なりたみきお（1935〜1990年）「兵隊やくざ」シリーズ「ある殺し屋」「蘇える金狼」などに出演。
*69　あまつびん（1921〜1979年）「隠密剣士」「日本俠客伝」シリーズなどに出演。
*70　ながとひろゆき（1934〜2011年）「にあんちゃん」「豚と軍艦」「秋津温泉」などに出演。

ていて面白い。夫婦共々、身体の動きが抜群にきれいである。

長門の役は生来がお人好しの、すぐに火が点く性格の人間が多いので、早めに相手方に殺されてしまう。

待田京介も印象に残るが、組に属さない、一匹狼的な役をやると、よけいに引き立つ。東映は、かつて文ちゃんではなく、待田を主役に押し立てようかと考えたこともあった。それだけ、彼の評価が高かったということである。「関東テキヤ一家」では文太と同等に張り合っている。

現代劇では成田三樹夫がいる。知的やくざだが、それほど骨の髄まで悪党には見えないよさがある。彼は詩人で、雑誌に発表したのを読んだことがある。そういう繊細さが、きっとどこかに出ているのだろう。

ちょっと余計な話をすると、長門夫妻とは麻雀仲間で、とくに洋子ちゃんは時間があると、卓を囲みたがった。それに比べて、長門は博才《ばくさい》のない人で、いつも資金提供者に回る側だった。久世光彦《くぜてるひこ》さんはポーカーに強くて、長門もカモになったが、私も同じだった。

＊男優の方が扱いにくい

私の経験から言って、男優の方が神経質であり、屁理屈を言うことが多い。男はストーリーまで、ここが違うとか、下手くそだとか、あれこれ言う。千葉真一がその筆頭だろう。

彼が「服部半蔵　影の軍団」（一九八〇年）の脚本にあれこれと因縁をつけてきた。「こんなのやれん」というわけである。それで大げんかして、「おまえがつくっているんじゃない。俺がつくっているんだから、降りたかったら降りろ」と言った。それで主役は渡瀬恒彦に振り替えた。

それから一〇カ月して、千葉が謝りたい、というので、寒い二月に木屋町のふぐ屋で会って和解した。

その席で、真田広之[＊71]を使ってくれ、という話が出た。当時、彼は日大の三年生で、筋骨隆々だった。千葉には、

「真田を俺に二年間、預けろ。テレビと映画に関して全部俺が支配する」

＊71　さなだひろゆき（1960年〜）「戦国自衛隊」「里見八犬伝」「麻雀放浪記」などに出演。

と言うと、千葉は「それでいい」と諾《うべな》った。そうしたら、あれよあれよという間に、真田はスターダムを駆け上がっていった。

＊変わり種の女優

男優のうるさいのに比べ、女優さんは、自分がきれいに格好よく映ればいい、出番が多ければいいとシンプルである。

そういう意味では、高峰秀子[*72]さんは特別かもしれない。テレビ出演を長く断り続け、とうとう仲代達矢さんと双璧の〝テレビ嫌い〟にされてしまった、という。別にテレビが嫌いだったわけではなく、ときに出演者のとまどいや、驕りようなどが見えて、まるで自分を見ているようで怖い、と思ったので拒否し続けたとエッセイに書いている。

石井ふく子プロデューサーからの度重なるオファーにも逃げているが、とうとう最後の切り札を用意されて観念したという。尊敬する杉村春子との共演である。高峰さんは、杉村さんが出るテレビはすべて見るようにしていたほどの大ファン。その弱みを突かれて、降参と相成ったわけである。

これを見ても分かるが、高峰さんはかなりほかの女優さんと様子が違う。それがまた彼女の魅力にもなっていて、ひと筋縄ではいかないことが知られる。

＊主演を声で決める？

シネカノンの李鳳宇《リボンウ》さんが著書の中で、役者を選ぶ際は、顔ではなく声で選ぶ、と書いている。彼の尊敬するイギリスの監督ケン・ローチ[＊73]が、オーディションでは暗幕のこちら側にいて、役者を見ずに選考するというのを、踏襲しているのだろう。

確かに声の魅力というのはある。健さんなど、映画館に映える、ドスの利いたいい声をしている。文ちゃんのちょっと鼻にかかった感じも癖になる。藤純子も柔らかい声で、きれいな発音が耳に残る人である。

李さんが声を大事に考えるのは、ケン・ローチ以外に、彼が韓国人だということも影響しているのではないか。私の経験でしかないが、韓国人にはものすごく声のいい人が多いという印象である。私の友達でも、歌を歌わせたら、日本人とは比べようがないほどうまい。

＊72　たかみねひでこ（１９２４～２０１０年）「浮雲」「二十四の瞳」「永遠の人」などに出演。
＊73　ケン・ローチ（１９３６年～）「ＳＷＥＥＴ ＳＩＸＴＥＥＮ」「麦の穂をゆらす風」「ルート・アイリッシュ」などを監督。

私には、半島人は声がいい、という思い込みがある。イタリア人も半島人だから声がいい。かたやパンソリがあり、かたやカンツォーネがある。イタリア人や韓国人はニンニクをよく食べるという共通性もある。

パンソリは一度、血が出るほど習練して、それで声を太くしていくものだと聞いたことがある。

韓国の映画人と付き合って、彼らが大の宴会好きだと知った。なにかあるとすぐ宴会で、それで酒が入ると、すぐ歌いだす。それでみんなうまいときている。

李鳳宇さんは著書のなかで、けっこうあけすけに映画の収支について書いているが、当然のことだが、われわれメジャーがやってきた規模とは格段に違っている。しかし、小さな配給会社から始めて自主製作にまで及んだ経緯には頭が下がる。

歌といえば、李さんは井筒和幸監督[*74]とイムジン河の挿入歌が印象的な「パッチギ」（二〇〇五年）や、「のど自慢」（一九九九年）という作品をつくっている。李さんプロデュースでは、崔洋一監督[*75]の「月はどっちに出ている」（一九九三年）が傑作で、在日の様子をあそこまであけすけに描いた作品はなかった。

ある映画祭で崔さんと顔を合わせたところ、「日下部さん、ぼくを忘れていませんか。まだぼくは映画を撮れますよ。指名してください」と言っていたのを思い出す。彼は大島渚のチーフ助監督をやっていた関係で、顔を知っていたのである。彼はいつも大島さんに怒鳴られっぱなしだった。

＊旬の俳優さん

私は一貫してメジャーのプロデューサーだったので、まさしく主演を誰にするかに神経をつかってきた。脇役陣にも神経をつかうが、やはり頭を誰にするかで、その映画の出来が決まるところがある。

いちばんいいのは、お客の意表を衝くキャスティングで、それが好感をもって迎えられることである。まさに「極妻」の志麻さんや仲代達矢にはそういうところがあった。

「週刊現代」（二〇一五年新春合併号）で男優、女優特集をやって、誰がうまいかというので、私は女優さんで寺島しのぶを挙げておいた。

お嬢さんだったお母さんとは異なる大胆さと、割り切りのいい脱ぎっぷりに敬意を表した

＊74　いづつかずゆき（1952年～）「ガキ帝国」「ゲロッパ！」「黄金を抱いて翔べ」などを監督。
＊75　さいようういち（1949年～）「十階のモスキート」「マークスの山」「血と骨」などを監督。

のである。それに、この作品に出たら勝負できるな、という作品を選ぶ嗅覚はすごい。だから、われわれから見れば、左翼の三流監督にしか見えない若松孝二の「キャタピラー」（二〇一〇年）に出て、全編裸のような役を演じているのである。

じつは脱ぐだけなら、ことは簡単である。脱ぎながら、演技をするのが難しいのである。裸を嫌う女優のなかには、それができなくて尻込みする人もいるのである。

雑誌のその特集では、男優一位が堤真一[*76]だったが、彼は東映にいて、真田広之のお付きの人で、撮影所を走り回っていた一人である。そのときから、これはいい役者だな、と思っていた。その彼がトップになるとは、感慨なきにしもあらずである。

連ちゃんの息子、佐藤浩市が八位。彼のことは子どものころから知っている。神楽坂の連ちゃんの家に行ったときに、六、七歳の彼が出てきたことがある。

役者も最初から目立って、突っ走る人もいるけれど、健さん、文ちゃんのように途中から華々しい活躍をする人もいる。

プロデューサーは丹念に役者さんの動きを見て、彼らが変わるチャンスをつかまないとだめである。もちろん、作品との出合いも重要である。それを仕掛けるのもプロデューサーの役目である。

女優の場合、ちやほやされる役柄から脇に回れるかどうか、そこで脇なりの得がたい演技ができるかどうか、非常に難しい局面を迎えることになる。

そういう意味では、松坂慶子などうまい転身が図れているのではないか。最近でも「武士の家計簿」（二〇一〇年）でかわいい老母の役を演じていた。バニーガール姿やヌードで男性諸氏を悩殺した彼女が、である。

スターで生き抜く人は、基本的に運が強いと言える。人間はみんな運だと言えないこともないが、人気商売であるスターは、よけいに運のあるなしは大きい。健さんのように最後まで大スターなどというのは、稀有な例である。

＊76　つつみしんいち（1964年〜）「ALWAYS 三丁目の夕日」「クライマーズ・ハイ」「海街 diary」などに出演。

第四章 プロデューサーは企画屋である

1　プロデューサーは金を残せるか

＊プロデューサーの懐事情

私は前著の「エピグラフ」に「仁義なき戦い」の広能の言葉で「間尺に合わん仕事したなあ」と入れながら、本文では生まれ変わってもプロデューサーになりたい、と書いている。かなり落差のある発言だが、生まれ変わっても、の発言は、やり残したことがあると思うからである。

なかなか後輩のプロデューサーが育たなかったという問題もある。なかには自殺した者まで出ている世界である。

こういう言葉がある。

「プロデューサーは金を残す。作家は名を残す。役者は顔を残す」

このなかであとの二つは合っているが、プロデューサーに関してはハズレである。少なくとも会社に所属している製作者には、監督やライター（フリー）と違って、映画がヒットしても、印税の恩恵には与れない。

クリントン大統領、オバマ大統領の陰にハリウッドの大物プロデューサーがいて、資金を出していたと言われるが、日本でそういう実力プロデューサーがいたら会ってみたい。

「極道の妻《おんな》たち」では、いいときで著作権料は二〇〇〇万円以上になっているはずである。ビデオも売れたから、監督も最終的には三〇〇〇万ぐらいにはなったのではないだろうか。

東映を辞める前の数年間は契約の身分となり、一本いくらという年間の保証があったため、実は社員時代よりずいぶん収入が増えていた。

しかし、東映の台所事情を考えれば、いつまでもぶら下がっているわけにもいかなかった。そこで、一九九九年七月、私は完全にフリーになったのである。

それで思ったのは、こんなに稼げるならもっと前からやっておけばよかったということである。しかし、それもいっときそう思っただけで、プロデューサー稼業はどこか詐欺師にならないとできない部分があり、会社という組織をバックにしないと、どうも落ちつかない。

大ぼら吹いて、人をだまくらかして、金を出させて、それでハイリターンになればいいが、たいていリターンが少ないから、みんなに迷惑をかけることになる。そのプレッシャーに、どれだけ多くのプロデューサーが潰れていったことか。

冷静に考えてみて、企画は四本に一本当たればいい方で、社員時代はそれでも元を取ることができた。しかし、フリーになると、四本目に当ててもだめで、最初に当てないと、誰も見向きもしてくれない。三回目、四回目を待ってくれるスポンサーがいるか、ということである。大ぼらがただのかけ声としてしか聞いてもらえなくなる。

よほど確実な玉でも失敗する場合があるわけで、私は完全フリーとなってからは企画の売り込みはしなかった。つまり注文を受けるスタイルにした。

「新極道の妻《おんな》たち」がそのやり方である。これはビデオ会社とテレビ会社が一本につき二億円出して、私がそれを東映におろしてつくらせるのである。当然、私の段階で中抜きができるわけで、昔よりかなりいい稼ぎになった。

ビデオも売れていたので、新しい商売としてはほくほくだった。ただ、テレビの視聴率が上がらないと、先が続かない仕事だった。テレビ（ＴＢＳ）かビデオ（東映ビデオ）の片方だけだと、資金不足で映画のクオリティは保てなかったからである。これは最初、年に二本つくる予定だったのだが、ほぼ二年に一本のペースとなった。もし当初の通りだったら、どこかに日下部御殿が建ったかもしれない。

テレビ局が製作にお金を出していたので、放送枠も日曜夜の巨人戦とか、競争の厳しいところにぶつけることになる。全放映権をTBSに渡していたので、地上波、BSなどで永遠にただで使っていい、という契約をしていた。

当時、「吉原炎上」などでも製作から一三、四年経っていても、一五・九％の視聴率をたたき出していた。「極妻」でも一四・五％である。テレビ局も、これで元が取れるだろうということである。

フリーになっても自分で映画をつくれる環境を持っているというのは非常に大事なことだ。これは監督もそうで、自分の名声と力量があれば、どうにか生きていくことができる、ということである。

＊アメリカ映画の創始者たち

映画の世界を知らない人は、プロデューサーの仕事といっても、何をしているのか分からない、という人が多いのではないだろうか。映画はプロデューサーがつくっているんですよ、というと、びっくりする人も多い。

東宝の名プロデューサーだった森岩雄氏が、だいぶまえに『アメリカ映画製作者論』という本を上梓している（一九六五年、垂水書房）。その中で、映画の歴史は、映画館を持って興行に向かう者と、実際の映画の製作に向かう者の相克でできている、と彼は述べている。この本は、後者を主に扱うものだ、と鮮明にしている。

アメリカのプロデューサーの名前、つまりルイス・B・メイヤーやダリル・F・ザナックなどの名を挙げながら、日本ではマキノ省三、永田雅一、城戸四郎の名を挙げている。

実際に映画産業を興した実力者はおおむねユダヤ系の人々で、欧州からの移民、ないしは移民の子どもであった。「例外なく貧しい、食うや食わずの階級に属し、新世界にいて立身の機会を掴み、一攫千金の夢を人一倍強く持ち、雑草のような体質を持った連中ばかり」と森さんは記している。

ちなみに、パラマウントの創始者は毛皮屋に電報配達、MGMの場合はくず鉄屋、フォックスは織物屋、二十世紀フォックスはホテルの番頭、ワーナーは寄席芸人だという。

ハリウッドに撮影所があるのは、ニューヨーク、シカゴは晴れる日が少ないためだという。大船では騒音がうるさいので蒲田に移った松竹と事情はそう変わらない。太秦にしても、映画人が多くいたのは千本や御室の方だが、広い土地が確保できるというので、そちらに土地を求めたということである。

森さんは、アメリカ映画を襲った大きな危機として一九二九年の大恐慌と、戦後のテレビブームを挙げている。どちらも起業家精神旺盛なプロデューサーが輩出して、その危機を救った、と書いている。

こう見てくれば、映画産業にとって、プロデューサーというのが鍵を握る存在であることが、少しはお分かりいただけるのではないだろうか。

＊企画からお金まで

「鬼龍院花子の生涯」のケースで、プロデューサーの仕事の中身を説明してみよう。

これは宮尾登美子さんの小さな小説がヒントになって生まれた企画である。当初、岡田茂がなかなかオーケーを出さなかった。「暗い」というのである。

戦略を変えて、岡田の「すけべ心」をくすぐることにした。

「この女衒には、一階に女房がいて二階に愛人が二人いて、妻妾同居でやりまくる話です」

これで岡田はにんまり、「それでいこう」となった。

主役は仲代達矢を考えていた。東京東映撮影所で「二百三高地」（一九八〇年）が当たり、主演の仲代が乃木希典《まれすけ》を演じ、東映社内の評価は抜群だった。

仲代さんは俳優座の出身。当時、非常に親しくしていただいていた俳優座（「仕事」社長）

の佐藤正之さんに、彼を貸してくれるよう頼み込んだ。

この人は満映（満州映画協会）の出身で、わが社のマキノ光雄と一緒である。佐藤さんとは、しょっちゅう麻雀をやっていた。前述のように、仲代を貸すからパッケージで五社英雄を監督に使ってくれ、という佐藤さんの提案に異論はなかった。私は、彼の力量を「人斬り」（一九六九年）で見て買っていた。勝新太郎、三島由紀夫、裕次郎、仲代さんが出た映画である。五社さんは、松尾嘉代[*1]を「闇の狩人」（一九七九年）で裸にしている。

その当時、五社さんにいい評判などなかったが、私は一切気にならなかった。プロデューサーには、こういった見切りもとても大事である。
というのは、五社さんは背水の陣、死に物狂いで、これで成功しなかったら俺の人生の終わり、という意気込みがあった。演出家としてやれなくなる瀬戸際である。

監督のセレクション、キャスティング、脚本（高田宏治）、どれもうまくいって、お客が入る予感があり、まさにその通りになった。

この作品の経緯から分かるように、プロデューサーの仕事は企画そのものを立案し、それを熱意をもって会社で通すところから始まる。主演を誰にするかは、企画をすんなり通すうえでも重要である。

さらに、内容にふさわしい脚本家を選び、主演以外の主なキャスティングも考える。そこに夏目雅子という、いままさに本当の女優として開花したいという熱意を持った人間がいた。清純なイメージの若き女性が「なめたらあかんぜよ」の荒くれた台詞を発したことで、若い男性層の心も動いたはずである。

ほぼこういったことがプロデューサーの役目だが、ほかに触れたように自社製作ができなくなってからは、外部に資金の支援を仰ぐのも、私の仕事の一つになった。企画からお金の工面まで、プロデューサーの仕事は幅広い。

ただ、実績のない人間にお金集めが難しいのはどの世界でも同じこと。まして当たるか外れるか、本当に水ものの興行である。藤本真澄《さねずみ》、田中友幸、永田雅一、城戸四郎、徳間康快《やすよし》、岡田茂、そういった社長クラスが出てこないと、大きなお金は動かせない。もちろん、話の大筋がまとまれば、細かいところは下のプロデューサーが進めることになる。

＊1　まつおかよ（1943年〜）「積木の箱」「必殺仕掛人　梅安蟻地獄」「夏の秘密」などに出演。

2　好奇心、そして軽いフットワーク

＊プロデューサーが育たない

プロデューサーの条件で欠かせないのは旺盛な好奇心である。私はそれを「すけべ心」とも表現している。私の周りは、すけべ心たっぷりの人間ばかりで、プロデューサーから監督、俳優に至るまで、その種の逸話にこと欠かない。

最近の男は「草食系」らしく、目の前の子ヤギに襲いかからないそうだ。われわれ旧世代からすると、本当か？　と思ってしまう。

女が興味の対象外だとして、ではほかになにに強く引き付けられるのだろうか。アニメにネットサーフィン？　なにか線が細い感じがする。

出版社徳間書店を起こした徳間康快さんは最後、非常に若い奥さんを貰った。わが俊藤さんも女好きで、あれだけの行動力の背後には〝すけべ心〟があったと思わざるをえない。

ところが、東宝の大プロデューサー藤本真澄さんはでっぷり太っていたが、一生独身だっ

た。黒澤明さんと組んで、たいへんな大作をつくっているが、大資本をバックにし、興行（上映館のネットワーク）もしっかりしているから、そんなに大ばくちを打つという感じではなかったのではないだろうか。

その点、徳間さんは資本も自分で集めないといけないないし、上映館がないから、松竹や東宝に行って、その交渉もしなくてはならない。社員プロデューサーのわれわれからすると、何重ものハンデを背負って映画をつくっていたわけである。

徳間さんも自分の直感を信じた人だろうが、その強さはどれほどのものだったか。海千山千の人間を捕まえて、同じ夢を見させる手腕と熱情に頭が下がる。だいたいフリーのプロデューサーは投身自殺か夜逃げかどっちかだと言われている世界である。

＊すごいプロデューサー、徳間康快

徳間さんは徹底して中国と付き合った方だった。徳間さんの中国での右腕に、中国生まれの日本人がいた。徳間さんは囲碁の天才・呉清源をモデルにした「未完の対局」（一九八二年）とか「敦煌」（一九八八年）などをつくっている。どちらも「君よ憤怒の川を渉れ」（一九七六年）を撮った佐藤純彌監督[*2]である。

徳間さんというのは人を差別しない、誰にも公平に話しかける豪快な人だった。私がまだ下っ端のときでも、パーティなどでは「おお元気か、元気か、こっち来い」と声をかけてくれた。彼が社長を務めた徳間書店は新橋にビルがあったが、おれが死んだらこれはなくなるな、と言っていた（この予言は当たらなかったが）。

徳間さんはもと共産党員で、読売新聞の大争議のときは旗頭として鈴木東民と一緒に戦った人である。プロデューサーとしては藤本真澄さん以上の人だと思う。藤本さんは体制のなかのプロデューサーで、徳間さんは一匹狼である。あの人の精力は舌を巻くほどすごく、あっちこっちから金を集めてきて、大作をつくり上げて、成功させる手腕には正直敵わない。

徳間さんはかなり中国人には往生したはずだが、それでも関係を続けたのだから、偉いと思う。「敦煌」の撮影で、巨大な城をつくって、それを最後に燃やすシーンがある。その炎上シーンの撮影が終わって、さあ帰ろうとなったときに、中国側に「この灰のひとかけらも日本に持って帰れ」と言われたという。「おまえらがやったんだから、おまえらが後始末をきちんとして帰れ」と、そういう注文をつけてくる。

なかなか中国人というのは難しい人種である。日本人以上に面子を大事にし、大勢の面前で叱ったりしたら、大変な侮辱と受け止められる。

徳間さんはすべてそういうことも分かって、日中交流が大事という一念で橋渡しの映画を作り続けたのだろう。

＊行動力が必要

プロデューサーの能力のなかで好奇心のほかに大事なのは、物怖じしない行動力だろう。アイデアを含めて、すぐに人に取られるから、フットワークが軽くないといけない。喋っているだけで、すぐ誰かに先を越されるから不思議である。

人はたいがい同じようなことを考えるものである。自分が思いついた企画は、ほかの誰かもきっと思い付いていると考えた方がいい。

「極道の妻《おんな》たち」は週刊誌の連載開始から評判で、松竹も企画を狙っていた。私はすぐに原作者の家田荘子《いえだしようこ》さんに電話してお会いした。東京の銀座の喫茶店で会ったのだが、家田さんはとても喜んでくれた。

あれはタイトルがお客の気を引くものだった。「極道のおんなたちって、どんな暮らしを

＊2　さとうじゅんや（1932年〜）「新幹線大爆破」「人間の証明」「野生の証明」などを監督。

しているんだろうな」というわけである。

＊山っ気が欲しい

私の一つ下で東大の歴史学を出た松平乗道というプロデューサーがいる。彼にはすごく期待したが、思うほどに伸びてくれなかった。私が進行のときに彼をよくこき使ったものである。彼には残念ながら、上昇志向や金儲け志向が欠けていた。甲府商人の小林一三《いちぞう》の末裔に当たる人で、父親が早くに戦死している。

もうちょっと山っ気があればな、と何度思ったことか。

私の下である程度までいったという人物は皆無と言っていい。東映には人柄のいい俊英が何人も入ってくる。しかし、ものにならないのは、先の〝すけべ心〟や〝いっちょ儲けてやろう〟という山っ気がないか、弱いからである。

岡田茂は東大の出だが、まったくその素性の分からない人で、品性あくまで下劣に徹していた。エログロ路線などという、ある意味普遍的なテーマの作品群を世に問うたのも、彼である。パーティで挨拶を求められると、「鶴さんと女優誰それはできていた」と危ないことを言うので、恐れられていた。

いま考えれば、貧乏な会社であっても、ちょっと遊んでこい、と世の中の勉強をさせるぐらいのことはすべきだった、と思う。ふつうの会社のように部長、課長という仕組みのなかで人を育てるようにはなっていなかった。それはクリエイティブの現場には合わないということだったのだが、では積極的に人材をつくり上げていく仕組みを、知恵を絞って工夫したかといえば、それもなかった。

クリエイティブ部門を抱える会社は、ある程度、金がふんだんに使えないとだめである。客人が来て、今日は祇園に行って一杯飲もう、めし食おう、ぐらいのことが言えないといけない。人はそういう情の部分でけっこうつながっているからである。

私は、若いときに羽目をはずすほど遊ぶべきだと思っている。むかしは世間にそういう不良少年少女を許容する柔らかさがあった。映画会社、出版社などに、やさぐれを抱える余地があった。さて現今の会社、社会はどうだろう。

先にも触れたように、アメリカでは映画産業に危機が訪れたときに、新しい、意欲的な人材が登場して、その危機を救ったという。

結局、最後は人なのである。アメリカは人に投資をするから、次から次へと育ってくる。日本はその取り組みの層が薄かったと言える。

＊企画を通すワザ

プロデューサーは企画のアイデアをいかに得るかが商売みたいなものである。いまいちばん何が見たい、どういうものが欲しい、という大衆のニーズを的確に、そして興行的に掴める人が、いちばん向いている。「タイタニック」（一九九七年）のような万人向けのものが見つけられるかどうかが勝負である。

「風と共に去りぬ」（アメリカ公開一九三九年）、「レベッカ」（一九四〇年）、「第三の男」（一九四九年）などの傑作をつくったセルズニックの頭のなかを覗いてみたいものである。

自分のささやかな経験で言えば、いままで見た映画、読んだ本や新聞・雑誌の記事、社会的な経験から、これだというヒントを掴んできたように思う。「仁義なき戦い」にしても、飯干さんに連載前に話を聞いたとき面白いと思ったし、連載が始まるとすぐに交渉を始めた。その〝面白い〟という感覚は、同時代に生きる観客と共有しているものだと思う。文ちゃんもその連載を読んでいたわけで、彼も時代とシンクロしていたのである。

プロデューサーは頭のなかで企画を立てて、ある程度、人に説明できるほどに練り上げていく。

「やんちゃなチンピラが、せこいしのぎを重ねながら、京都じゅうを走り回る映画です。カーチェイスもあります。女はだますは、はては病人まで食い物にする連中です」

こういったことを企画会議でぶち上げるのである。

もちろん、クライマックスや見どころなどのほかに、予算はどれくらい、という話もしないといけない。会議には企画部長の渡邊さん、営業、興行、宣伝が参加するので、二〇人弱の人間が集まることになる。みんな、疑心暗鬼をはっきりと顔に出している。

よく企画を通すのは話術ではなく、情熱だというが、それはたしかだろう。そんなにあいつはやりたがっているのか、と思わせることが大事なのである。

それで、会議を通る企画は一、二割というところ。みんなを説得して、これはいいだろうとなると、社長室の岡田のところへ行って、一対一で対面する。

そんなもん当たるのか、という顔で見ている。

「鬼龍院花子の生涯」も話が暗いということで何回か岡田の決裁が下りなかったのは前述の通りで、今村昌平さんと組んだ「楢山節考」（一九八三年）も、まえに木下

「楢山節考」

恵介が映画にしていることもあって、大反対にあった。

今平さんのアイデアは深沢七郎の『東北の神武たち』と併せて一本で撮りたい、ということだったので、それを強調した。

「これは東北の寒村の次・三男たちが嫁さんが貰えないから、兄貴の女房を回してもらって、夜しょっちゅうやるのが中心の話です。これを今平さんが日活ポルノ一〇本分の濃さでやるんです」

と、岡田のすけべ心をくすぐる。「そら、ええなあ」と食いついてくる。岡田も、私があまりにしつこいので、もうそろそろ通してやろう、ぐらいの気持ちになっていたのではなかろうか。苦肉の策ですけべ話を持ってきたので、通す気になったのだ。

でき上がった映画には、私の言った怪しげなシーンはほとんどなかったが、岡田はなにも言わなかった。そういう度量の広さが、われわれ現場の人間をどれだけ救ったか分からない。

後年、さすがの岡田もワンマンの度を加えてくると、目に狂いが生じてくる。自分の過去の実績や経験だけに頼って、目の前の企画を純粋な気持ちで見られなくなると、売れそうな原石も見逃すようになってしまう。自分の気に入った話だけを通していると、新しくチャレンジする企画に反応しなくなるのだ。

企画会議のほかに、脚本ができた段階で、みんなに披露するホン読みがあった。笠原さんはいつも緊張したと書いているが、時代劇の黄金時代をつくった比佐芳竹さんなどは、七五調で読んでいた。もちろん、ここでだめ出しがあれば、書き直しということもある。

＊時代の読み方

私がプロデュースした作品に、「花いちもんめ」（一九八五年）がある。

これはＮＨＫで実話をもとにしたドラマを見たのが、企画を思いついたきっかけである。認知症のお婆さんを介護する主婦の話である。

それを喜劇調に撮って、最後はほろっとくる映画にしたらどうか、と思ったのである。かつて有吉佐和子原作で「恍惚の人」（一九七三年）がつくられたが、認知症の老人（森繁）と嫁（高峰秀子）の葛藤のあいまに、ふとユーモラスな場面があったことを思い出したのだ。森繁さんは器用な役者だが、この映画を撮ったときはまだ六〇歳で、八〇代を演じるには無理があったように感じる。

「花いちもんめ」は千秋実[*3]、十朱幸代主演で、伊藤俊也[*4]監督である。日本アカデミー賞最優秀作品賞、最優秀脚本賞（松田寛夫）、東京国際映画祭作品賞などいくつも賞をいただいたものだ。伊藤監督は頑固な人で、山崎洋子原作「花園の迷宮」（一九八八年）などにも一緒に取り組んでいる。

認知症は時代を経るほどに、深刻な問題になってきている。そういうネタは、新聞、雑誌、至る所に転がっている。

問題は、そのテーマに核心的に突っ込むような材料があるかどうかである。それが小説の場合もあれば、何かの記事が参考になることもある。

雑誌はいまでも「週刊朝日」「サンデー毎日」「週刊現代」「週刊新潮」を読んでいる。かみさんが買っておいてくれるので、寝室で寝る前に読むのが癖になっている。ときに、「これ、企画になるなあ」と思いながら読んでいる。

私のプロデュースした「鬼龍院花子の生涯」でも、「極道の妻たち」「仁義なき戦い」でも、私一人が目にしていたものではない。単行本として何年か前に店頭に並んだもの、発行部数何十万部という雑誌に掲載されたものだ。

私のほかに、映画になるな、と思った人もいるかもしれない。しかし、売れると思って実際に動いて、映画にしたのは私だけである。

私が関わってきた映画とも関連するテーマの場合、素早く反応し、売れるのではないかという判断もつく。そして、思いついたら迅速に動くことが大事である。ぼんやりしていて逃した企画がたくさんあるので、これは自ら肝に銘じておいたことだ。

大胆なことを言えば、企画なんて、そこらじゅうに転がっているのである。それを宝石の原石と直感する力があるかないか、それがヒットメーカーとなれるかどうかの境目のような気がする。

3　売れる映画とはなにか〜破廉恥、かつ意欲的な東映スピリット

＊各社の違い

松竹、東宝、東映、それぞれにシステムが違うが、自然にそうなったと言える部分が大きいのではないだろうか。

東宝はインテリジェンス溢れる森岩雄という経営者が、ハリウッドに倣ってプロデューサ

＊3　ちあきみのる（1917〜1999年）「七人の侍」「隠し砦の三悪人」「城取り」などに出演。
＊4　いとうしゅんや（1937年〜）「女囚さそり」シリーズ、「プライド・運命の瞬間」などを監督。

ーシステムを取り入れた、いちばん近代的な会社である。そのあとに藤本真澄さんとか田中友幸さんが大プロデューサーとして名を残している。企画を立てて、そこに人を嵌め込んでいくやり方である。

東映は私のころからプロデューサーシステムに移行したが、先に触れたように企画はスターありきだった。

松竹がディレクター主義、つまり監督主義で、それは小津安二郎や木下惠介のような芸術性と大衆性を備えた実力派の監督がいたからではないか、と思われる。二人は近寄れないぐらい権威があった。

小津は戦前から別格で、映画界の至宝みたいな扱いをされてきた人である。彼が売れないなら、ほかの監督が稼いで穴埋めした、とも言われる。

松竹は監督自身が企画を考えて、役者なども決めていく。だから、松竹では監督がいちばん偉いのである。小津の声名はどんどん高くなるばかりだが、ある時期はマンネリを指摘されたり、批判もあった監督である。後輩監督から酒席で突き上げを食らった話は有名である。城戸四郎さんも、全面的に評価していなかった口ぶりだった、と佐藤忠男氏も書いている。

＊マキノ光雄という稀代のプロデューサー

マキノ光雄さんが亡くなったことが、戦後、東映の第一の曲がり角だったかもしれない。彼は「ひめゆりの塔」（今井正、一九五三年）を製作して、大ヒットを飛ばしている。

満州映画協会にいた人で、満映の人材は右から左まで揃っていた。内田吐夢や加藤泰、家城巳代治[＊5]などは左である。家城さんは松竹を辞めてフリーになり、それから東映で「裸の太陽」（一九五八年）という作品を撮っている。それはすべて光雄さんのプロデュースである。

満映で甘粕《あまかす》正彦理事長の給仕をしていた人間も東映に来ている。甘粕は大杉栄を虐殺したと言われる人物だが（その真偽は定かではない）、右も左もかまわず、好きなように映画を撮らせたと言われている。光雄さんもそれを踏襲したのかもしれない。多様な人材を集めて、東映の前身である東横映画をつくっている。

あとで触れるが、東映は左右どっちでも儲かればいいという考えで、作品を送り出していった。任侠映画のなかにも、テキヤ稼業や鉱山経営の若頭的な人間が組合をつくる話などが

＊5　いえきみよじ（1911～1976年）「悲しき口笛」「雲ながるる果てに」「路傍の石」などを監督。

出てくるものがある。

満映の女優では李香蘭[*6]や木暮実千代などを思い出す。浅丘ルリ子[*7]も小さいころ、甘粕さんにかわいがられたという。

＊ラッパを吹いた永田雅一

大映に君臨したのが永田雅一さんである。健さんが出た「君よ憤怒の川を渉れ」は、永田さんの映画プロデューサーとしての復帰第一作である。新宿西口での馬の暴走シーンなど、信じられないようなシーンがある。

永田さんはものすごく弁が立つ人だった。最初は太秦の大映撮影所の案内係で、来るお客さんに説明していた人である。

中国人はあの映画で大変な感銘を受けたようだ。ちょうど文化大革命が終わったあとの内省の時期に封切られたことが大きかったようだ。日本の進んだ文明の様子、正義を打ち立てようとする熱意、中野良子の強い女性のキャラクターとそのヌード……中国の人には一々が驚きだったようだ。戦後、アメリカ映画にやられた日本人みたいなものだ。優れた電化製品と個人に立脚した民主主義、そして圧倒的な肉体の女優たち。

ワンマンでないと映画会社は務まらないところがあるが、ワンマンだけだと創造力が萎縮してしまう。その案配、さじ加減が映画会社の命運を決めてしまうところがある。

永田さんは永田ラッパといわれる超ワンマンで有名である。溝口健二で「雨月物語」を撮り、ヴェネツィア国際映画祭銀獅子賞を受賞している。

彼はまったく教養のない人で、いまの京都二条駅を根城にした千本組の出である。戦後のフィクサーの一人である笹川良一の子分でもある。

二条駅のあたりは、保津川を使って、丹波の方から穀物やコメ、着物などが集められる。山陰線でも荷が届けられる。材木も集まってくる。ということで、千本組が荷役の仕事を一手にやっていた。昭和三〇年代ごろまでは、そういう人足の姿を見かけたものである。永田さんはその千本組にいたことがある。

＊6　りこうらん（1920〜2014年）本名・山口淑子。「支那の夜」「サヨンの鐘」などに出演。
＊7　あさおかるりこ（1940年〜）「嵐を呼ぶ友情」「ギターを持った渡り鳥」「憎いあンちくしょう」「男はつらいよ　寅次郎忘れな草」などに出演。

＊興行主の意見

東映は上映館が二〇〇館ぐらい、主に小さい劇場を押さえていた。ブロックごとに関西東映会といったように劇場主が分かれていた。大阪、九州の興行主は発言力があった。

当たった当たらないという情報や、こういうのをやってくれ、という要望を各地の興行主がもってくる。私も一本、借りをつくったことがある。「やくざ戦争　日本の首領《ドン》」の企画を、もう実録ではない、と岡田が頑として受け付けない。そこで、東映の館主会のボスであり、興行連盟の会長でもあった山田氏に岡田籠絡をお願いした。

そのバーターで「ラグビー野郎」（一九七六年、山田さんが明大ラグビー部を応援していた）を撮ったが、そういうのはたいてい不入りに終わるもので、案の定、結果は大コケだった。

東宝はメインの大きな劇場を押さえていて、創設者の小林一三は土地から取得していた。一等地に、数もあれば、規模も大きいのが東宝である。松竹はとくに浅草界隈、大阪道頓堀などで強かった。

かつて映画館は一番館から二四番館まであったと言われる。一～五番館あたりまでが、封切り館である。

東映はシリーズをつくると、必ず一本は九州を噛ませる、と言われるが、興行主が強かったこともあるし、若松の館主でホテルなどを経営していた人がいて、安く泊めてくれたり便宜をはかってくれたからだ。

若松、門司あたりに撮影に行けば、そこの親分衆がまた来たかという感じで接待をしてくれるのである。

＊〝票田〟を狙った映画づくり

これから二つの映画の企画について触れていこう。わが東映の振り幅の大きさと、中身の濃さが分かる二本である。

前でも少し触れたが、私は部落解放同盟の創始者である松本治一郎を「夜明けの旗　松本治一郎伝」というタイトルで映画にしている。

松本は清濁併せ呑む人で、のちに参議院の副議長もやった政治家である。むかしは神戸などで食いはぐれたやくざ者が、みんな福岡市の松本組に駆け込んだという。満州帰りの連中も彼のところで拾ってもらっている。土建業をやっていたので、仕事をつくって分け与えるのである。

福岡空港の拡張にあたり、周辺の土地を買い占め、国に貸し付けたので、年間相当の金が入っていたはずである。松本についてはけっこう事績を調べた。

タイトル「夜明けの旗」は、『破戒』を書いた藤村の「夜明け前」をもじっている。メガフォンは山下耕作監督にとってもらい、脚本は棚田吾郎、野波静雄、主演伊吹吾郎[*8]である。

この映画は、解同の集票を期待してつくったものである。私は京都の解同の委員長だった上杉佐一郎の弟とものすごく親しかった。佐一郎は治一郎の世話になったことがある人物である。

解同には企業家連盟（企連）があって、ものすごく大きな力をもっていた。企連の会員は公称六〇万人である。その会員に切符を売るために「夜明けの旗」をつくったのである。企連のメンバーがあちこちに売ってくれて、十数万はさばけたと記憶する。

企連の安田会長はキンキラキンの服装で、ダイヤのネックレスなどをしていた。よく秋葉原に出かけて、買い物をするのに、付き合わされたものである。

＊共産党まで映画にする⁉

さらに東映の節操のなさを紹介すると、私の企画で「実録・共産党」というのも企画した。その話には角川春樹さんが絡んでくる。角川さんはよく神田のステーキ屋に連れていってくれたものである。

共産党の丹野セツを中心にした話を、笠原さんが例によってしつこい取材でホンにした。監督は深作で、彼はかなりこの企画に乗り気になっていた。主役を吉永小百合でいこうと考え、本人もやる気があって、岡田に頼み込んだりしていたが、東映では実現できなかった。

丹野セツは福島の小さな町の出身の女性で、一九二三年に社会主義者ら一〇名が捕らえられた亀戸事件で難を逃れ、その後非合法活動を続け、検挙後も非転向を貫いた女傑である。ところが、完成したホンを共産党に見せると難色を示され、岡田がビビってしまった。会社の組合もいい顔をしなかった。

その後、川口松太郎さんと三益愛子[*9]の娘の川口晶[*10]が、角川春樹さんに「ぜひ丹野セツをや

＊8　いぶきごろう（1946年〜）「毒婦お伝と首斬り浅」「炎のごとく」などに出演。
＊9　みますあいこ（1910〜1982年）一連の「母もの」や「山猫令嬢」「赤線地帯」などに出演。

らせてほしい」と申し出て、角川さんがやることになった。彼は、話をまったく変えて、「いつかギラギラする日」というタイトルのアクションものにした。当然、笠原さんは、それでは意味がない、と降板した。

そのあとの紆余曲折は省くが、角川さんは当時、その川口晶と付き合っていたので、主役と決まって、たいへん喜んでいた。しかし、その内に二人の関係が冷えて、角川さんもこの映画への情熱も冷めてしまった——それが中断の真相である。

川口晶とは新幹線二時間半のあいだ同乗したことがあるが、大酒飲みで、ウイスキーをボトル一本空けたのには魂消《たまげ》てしまった。

*売れる映画の共通点

映画の世界は何が当たるか分からない世界だが、アンハッピーエンドを観客が嫌いなことだけは確かである。ハッピーエンドは、大衆性（娯楽性）に欠かせない要素で、東映では、ということは岡田茂はということだが、とにかく暗い話を嫌がった。なにかというと、「そんな陰気な話、誰が見るんや。松竹にでも売ってこい」と言っていたものだ。

「鬼龍院花子の生涯」の政五郎も、もとの小説では途中で死ぬことになっているが、私は延命させた。これは原作者の了解も取っている。脚本の高田宏治にも、「絶対に死なせたらだめだよ。映画には夢がないとだめなんだ」と口を酸っぱくして言っていた。

東映の現場にいれば分かるが、一〇〇〇人の人間を食わしていかなければならないという使命感に襲われる。だとしたら、明るい話に持っていくしかないのである。

たまに「花いちもんめ」や「楢山節考」のようにそこそこヒットを飛ばす暗い話もあるが、それは例外と思った方がいい。もし大金があれば芸術映画を撮ったかもしれないが、それでも「楢山節考」あたりが限度ではないかと思う。

東映には、岡田が開拓したお色気路線もある。当時で言えば、「暴力」と「エロ」を東映は二枚看板にしていたわけである。大衆性そのものである。

マキノさんも岡田もどっちも女好きで、ごく自然に生まれた路線ということができる。エロに廃りなし、である。しかし、東映は日活ロマンポルノの路線には行かなかった。小さな小屋で、四畳半の話を掛ける会社ではない。撮るなら「大奥」となる。あるいは、石井輝男の「異常性愛」路線である。大きく行くか、極端に行くかのどっちかである。

＊10　かわぐちあきら（１９５０年～）「黒部の太陽」「犬神家の一族」などに出演。

私はずっとアメリカ映画が好きで見てきたこともあって、ハッピーエンドが染み付いている。大衆映画なのだから、「よかったね、すごかったね、面白かったね」で家路についてもらいたい、と思う。

頭で考えるような学生さんには、こむずかしい話や、何が言いたいのか分からない難解な映画でもいいかもしれないが、疲れた身体で劇場に足を運ぶ勤労者に、その疲れを倍加させるようなことはしたくない。

私の経験では、アンハッピーをハッピーに転換させることに異を唱えた作家（原作者）はいなかった。映画というものの特質を分かってくれたのだと思う。

宮尾さんも「まあまあ分かりました」と言っていた。木屋町の「たん熊」という料亭で宮尾さんと打ち合わせをしたことを思い出す。「鬼龍院」がヒットして、衣裳部に相談して、彼女に着物を差し上げたことも懐かしい思い出である。

あと大島渚さんが撮ったような観念的なものも客が入らない。大島さんの映画は大島さん本人しか分かっていなかったのではないだろうか。それを自己満足とか自慰行為などという言い方をするが、大衆性がない、ということである。

しかし、フランスでは大島さんは映画の変革者としての評価が高いという。淀川長治、山田宏一、蓮實重彦の三氏は大島さんの「愛の亡霊」（一九七八年）を傑作としている。

意図のはっきりしない、難解な映画は、評論家もいいように書けるので、取り上げやすいということも逆説的に言えるかもしれない。しかし、専門家向けに書かれたそれらの映画評を一般の人が読むわけではない。

正直に言えば、黒澤明の「羅生門」は若いころに見てワケが分からなかったが、たぶんいま見ても分からないだろう。覚えているのは盗賊の三船敏郎に京マチ子が犯されて、大笑いするところである。女の魔性が現れているところである。

海外で「羅生門」の評判が高く、「ラショーモン」といえば、真相は多岐にわたってミステリアスという意味で使われている。ピアニストのリヒテルも黒澤作品を愛していたという。

＊まじめ路線は一作だけ

私にすれば「楢山節考」は冒険した映画の一つだった。年齢を重ねて、賞を取れるような映画もつくってみたい、と考えたのである。一度はカンヌなどでレッドカーペットを歩いてみたい。売れる映画の企画ばかり考えてきた私とすれば異色である。

たまたま「楢山」は賞を取る前から出足がよく、カンヌに出かけるときも、その吉報をもって出かけたので、ある意味、心のゆとりがあった。

しかし、戦う相手は「戦メリ（戦場のメリークリスマス）」である。向こうが宣伝にくり出す人数もまったく違う。揃いの法被《はっぴ》までつくって、意気込みが違う。それに向こうの映画にはデビッド・ボウイが出ていて、世界的に通用しやすい。それに大島は「愛のコリーダ」で世界を驚かしたことがある。

東映から参加したのは、本当にたった二人。私と、息子に山に捨てられるおりん役をやった坂本スミ子[*11]さんだけである。恥をかくのは日下部だけでいい、という岡田の判断だったが、その判断もあながち責められない。それくらい大きなハンディキャップを負っていたのだ。

カンヌ国際映画祭で審査員特別賞を取った「切腹」（一九六二年）の監督小林正樹[*12]さんが、渡航前に「日本文化を知らしめるために羽織袴で行け、そして扇子などの小物を忘れるな」というアドバイスをくれた。俳優座の佐藤さんをまじえて、彼とは麻雀の仲である。

「切腹」は名作で、脚本橋本忍、仲代達也に丹波哲郎が出ているモノクロ映画である。彼の「怪談」（一九六五年）もやはりカンヌで審査員特別賞を取っているが、予算オーバーで途中でストップしそうになりながら、どうにか九カ月かけて完成させている。大久保の自衛隊の倉庫を借りて撮っていたのを見学に行ったことがあった。

成田空港で松竹の奥山融《とおる》さんと鉢合わせになった。VIPルームに誘われて、コーヒーをご馳走してくれたが、気持ちは沈んだままだ。松竹は「戦メリ」の配給を担っていた。

飛行機も、あっちはエールフランスのエグゼクティブ、こちらはエコノミーと歴然の差である。狭い座席に身体を押し込んで、ウイスキーを飲んで寝込んでしまって、気が付いたらオルリー空港だった。

どこへ行ったらいいか分からず途方に暮れていたら、日本ヘラルドの原正人さんとばったり出会って、彼の指示でニース行きに間に合うことができた。スミ子さんはハイヒールなので、急いで走るのが可哀想だった。ニース空港に着くと、東映国際部長が迎えに来ていた。当時、東映はアメリカ、香港、ヨーロッパに駐在員がいた。

私はレッドカーペットを歩けただけでも幸せ者だと考えた。ところが、試写を繰り返すうちに、手応えが違うのが分かった。スタンディングオベーションがすごいのだ。好意的な現地の映画評も出始めた。

*11 さかもとすみこ（1936年～）「犬」シリーズ、『エロ事師たちより』人類学入門」「サラリーマン専科 単身赴任」などに出演。

*12 こばやしまさき（1916～1996年）「人間の條件」「東京裁判」「上意討ち 拝領妻始末」などを監督。

カンヌ受賞後に。中央で花を持っているのが坂本スミ子。

急遽、たった三〇万円で、小さな中華料理屋に記者や評論家を呼んで、ささやかなパーティも開くことができた。

あの映画がカンヌでグランプリを取ったのは、やはりまだ日本に対するエキゾチシズムが残っていたからだろうと思う。もちろん家族をめぐる普遍的なテーマを描いているので、どこの国でも身を入れて見ることはできるが、歴代、海外で賞を取った日本の映画は侍、ちょんまげの世界を描いたものが圧倒的である。「楢山」は民衆の姿だが、日本のクラシカルな面を描いたのは確かである。

「戦メリ」はこないだの第二次大戦の話である。違いがあるとすれば、それぐらいしか思い浮かばない。しかし、映画人というのは、ときに公平なジャッジをするものだと思う。ふつうに考えれば、私たちの受賞はありえない。観客の反応を直に見ながら、賞の選考の材料にしていくという姿勢は、映画祭の価値を高める意味がある。

予想外の受賞の知らせに舞い上がったのか、事前に衣裳部に教わっていた羽織袴の着方に戸惑い、袴の片方に両足を入れていることさえ気づかず走り回っていた。坂本さんは落ち着いたもので、自分で衣裳の着付けをやって、堂々たるものだった。

受賞後、夜の一一時頃から、新聞記者やらＮＨＫなどマスコミをはじめ、映画関係者たちをホテルの部屋に呼んで、朝まで大騒ぎをした。夜の白々明けにカンヌの海を感慨深げに眺めたものだ。

＊本当に一度だけの挑戦

実はこの映画、社内試写を見て、私は頭を抱えたのである。おりん婆さんを背負って山道を歩いていくシーンが異常に長いのである。「これは売れない」と思った。私は今平さんに頭を下げて、どうしても削ってほしい、と三分の一の長さにしてもらった。

緒形拳がそのシーンを撮るのに、自宅周辺をリュックサックに石を詰め込んで練習していたという逸話が残っている。

この映画の総予算は一億、東映が五千万を出し、今平さんが自ら五千万を集めてきた。今平さんは強引でしつこくて商売人だから、当たりそうなことを言ってかき集めてきたのだろう。彼が日活で「神々の深き欲望」を撮ったときは、途中で資金が何度もショートしている。

よく人から、なぜ「楢山」のようなまじめ路線を続けなかったのかという質問を受けることがあるが、私は「楢山」はフロックとして考えていた。この路線を続けても、東映が食べていけないことは百も承知していた。名誉は一度だけでいい、と考えていたのである。

では、受賞しなかったら、再度挑戦したか。

それもない、と断言できる。もしそんな野望を抱いたとしても、岡田がまた「そんなの売れない。松竹にでも持っていけ」とにべもなく却下したにちがいない。

＊やり残した映画

映画プロデューサーの妄執というのか、いまだに未練を残す企画がいくつかある。それこそ見果てぬ夢である。もう一度生を享《う》けたら、それらに挑戦してみたいとも思うのである。

休刊になった「月刊現代」はノンフィクションが充実していたので、愛読していた。本田靖春さんが最後に「我、拗ね者として生涯を閉ず」を連載していたが、じつは彼の『誘拐』という本を映画化したかった。

吉展《よしのぶ》ちゃん事件として有名な幼児誘拐・殺人事件を扱ったノンフィクションで、緻密な描写と多角的な取材で出来上がった傑作である。

いまでも犯人の小原保が悪い脚を引きずりながら歩く映像が頭に浮かぶ。事件の日には、彼は故郷に帰っていて、アリバイがある。それを名刑事平塚八兵衛が丹念に潰していく過程も丁寧に描かれている。

私が興味を引かれるのは、次のようなシーンである。

小原が借金返済のために金を借りに福島の実家に帰るが、どうしても実家に寄る気になれず、ほかの農家の納屋の外の藁にくるまって寝る。結局、何もせずに東京に舞い戻る。

私は故郷にも受け入れられない犯人の孤独なさまに引かれるのである。上野あたりが行動範囲の中心で、外国製腕時計の故買屋から仕入れて、自分で売りさばいたりしている。一〇歳上の飲み屋の女で、所帯をもとうという情婦もいる。

実は企画を考えているうちに、テレビに先を越された。泉谷しげる[*13]が小原保を演じていて、好評だったはずだ。私は今平さんに企画を振ったが、もう犯罪物は勘弁してくれ、とのことだった。

ほかの監督に当たる気がしなかったのだが、もしそうしていれば、実現の可能性があったかもしれない。

佐木隆三さんの『復讐するは我にあり』もそうだが、直木賞を取って食指の動くものは、一応、読んでおくようにしていた。

プロデューサーは、音楽についても浅く広く知っておく必要がある。もちろん、演出の仕方なども知っておかないといけない。それに、「こういういい俳優がいるよ」といった情報源も開拓しておかなければならない。

もう一つは、すでに映画化されたが、山崎豊子原作『沈まぬ太陽』がある。山崎作品は、『華麗なる一族』『白い巨塔』などが映画化されている。映画人の食指の動く作品を書く作家である。彼女はかつて毎日新聞の記者で、井上靖の下で鍛えられたという。

取材魔で知られ、『不毛地帯』を書いたときに、伊藤忠の瀬島龍三が彼女に追いかけられて往生したという話がある。彼が出勤しようとすると、朝の六時くらいには山崎さんが屋敷の前で待っている。車に同乗して、そこで根掘り葉掘り、それも毎日やるのだそうだ。『沈まぬ太陽』は航空会社のなかの出世競争で苦節を味わった男が、世紀の飛行機墜落事故に遭遇して、その陣頭指揮に采配を振るう話である。東宝の大作で、渡辺謙主演で封切られた。あと辺見じゅんさんの『収容所《ラーゲリ》から来た遺書』にも心を動かされた。

東京外国語学校（現・東京外語大）を出て、ロシア語ができるというので満映に入り、シベリア抑留に遭って、最後には死んでしまう人のことを書いた実話である。

その人は大変立派な人で、抑留の極限の世界でも平常心を失わず、日本へ帰る夢を決して捨てず、他人への細やかな感情を持ち続けた人である。私自身、心から尊敬して、この人に付いていけば俺には何でもできる、と思えるような先輩がいなかったのが、悔いとして残っているが、まさにその人は私の憧れの上司のタイプだった。

彼は子どもや妻などに宛てて何通かの遺書を遺した。それを紙のままに残せば、ソ連兵や中国軍に取り上げられてしまう危険性があるので、彼が信を置く男たちにそれぞれ分担させて、暗記させることにした。使命を託された男の中には暗記が不得手な人間もいるわけで、いかに遺言を頭にたたき込むか、そこが一つの山場になる。

読みながら、シーンが浮かんだ本の一冊である。自分の理想の上司像があるので、どうし

＊13　いずみやしげる（１９４８年〜）「野獣刑事」「天国にいちばん近い島」「旅立ち〜足寄より〜」などに出演。

てもやりたい企画だった。

映画のラストは、ラーゲリでみんなで飼っていたクロという名の犬が、引き揚げ船を追って、岸壁から氷の海に飛び込み、追いかけてくるところで終わらそうと思っていた。

これが実現に至らなかったのは、ひとえに金の問題である。

それともう一つ、和歌山県有田市で実際に起きた事件を描いた岩川隆著『コレラ戦記』というのがある。初版が一九七八年で、事件は七七年に起きている。有田市でコレラが発生して噂が広がり、町がパニックになってしまう。

これを読んだときも、ラストの、薬で一面真っ白の映像が浮かんだ。コレラ撲滅のために自衛隊が薬を撒いて、小さな町が雪景色のようになるのである。

主人公は、地元新聞の記者とその妻。実態以上に風評被害が広がって、町の機能が壊滅していく。そのてんやわんやも映画的である。

タイトルは「コレラが町にやってきた」で、確か深作に相談したことがあったはずである。福島も原発事故で風評被害があったので、いまだに通じるテーマではなかろうか。

あと予算がかからないので、「マディソン郡の橋」や「スタンド・バイ・ミー」のアレンジもいい。登場人物が少ない、衣装代もかからない、など予算の心配をしないでいいというのが大きいが、それでいて中年男女の恋に青春物語と、テーマに普遍性がある。
懲りずに私はまだこんな夢を追っている、という話である。

あとがき

私がプロデューサーとして関わった映画の本数は一三五本にすぎない。映画史のなかのほんの微々たるものである。さらに時代劇、任侠、実録物とくくっていけば、さらに狭い分野を攻めたということになる。

それでも、みなさんの心に残ってくれる映画が何本かあることが救いである。健さん、文ちゃんを出汁《だし》にして、プロデューサー論を展開してきた。天国にいる健さん、文ちゃんには、すまない、と言っておきたい。もしかしたら、失礼なこと、記憶違いのことを言ったかもしれないが、許してくれればと思う。

いま映画のために話題性のある素材を見つけるとなると、何千万部も売れているコミックになるのは致し方ない。私だって、この渦中でプロデューサーをやれと言われれば、コミックに当たるかもしれない。

しかし、映画館に来てもらうには、やはりテレビや紙媒体、ネットとは違う魅力が必要である。それを何とは言いがたいが、わざわざ足を運ぶという面倒臭いことをお客に求めるのが映画なのである（いまのところは、だが）。


いま大阪芸大出身の監督が活躍している。「私の男」でモスクワ国際映画祭グランプリを取った熊切和嘉監督も同校の出身である。あそこは、東映のOBがよく教えに行っている。監督・脚本の鳥居元宏もかつて教授になっている。中島貞夫と同期の人間で、中島も同校で尽力している。講師として東映のカメラ、録音なども入っている。

私も誘われたが、生来がナマクラで、電車を何度も乗り換えていくのは嫌だ、と断った経緯がある。中島には有望な子を見つけて、育ててみたい、という秘かな思いがあったのだろう。その志に畏敬の念を抱く。

あと日大芸術学部と、今村昌平さんが立ち上げた日本映画学校（現・日本映画大学）がやはり映画人の輩出先となっている。もう映画をつくる人間が映画会社からではなく、大学から出てきたりする時代だということだ。それは悪いことではないが、もっと現場で鍛える環境があれば、と思う。

アイデア溢れる意欲的なプロデューサーが雨後の筍《たけのこ》のように現れ、世界中をわくわくさせる映画をたくさん撮ってほしい。しかし、監督以上にプロデューサーの出てくる環境がなくなっている。それでも、この本がプロデューサー予備軍の多少の刺激剤になればうれしい。


作家小林信彦氏は、「映画はその時代に生きていないと評価は分からない」とおっしゃっている。私の書いたことで当時の雰囲気が分かれば、その時代の映画をもっと楽しめるようになるかもしれない。

それぐらいの役目が果たせたなら、望外の幸せである。

【参考文献】
『シネマの極道』日下部五朗（新潮社）
『昭和の劇　映画脚本家　笠原和夫』笠原和夫、荒井晴彦、絓秀実（太田出版）
『映画プロデューサーが語るヒットの哲学』原正人（日経 BP 社）
『複眼の映像――私と黒澤明』橋本忍（文藝春秋）
『女優で観るか、監督を追うか』小林信彦（文藝春秋）
『映画で日本を考える』佐藤忠男（中日映画社）
『アメリカ映画製作者論』森岩雄（垂水書房）
『笠原和夫シナリオ集』（映人社）
『映画千夜一夜』淀川長治、蓮實重彥、山田宏一（中央公論社）
『コレラ戦記』岩川隆（潮出版社）
『収容所《ラーゲリ》から来た遺書』辺見じゅん（文春文庫）
『誘拐』本田靖春（ちくま文庫）
『忍ばずの女』高峰秀子（中公文庫）
『植木等伝「わかっちゃいるけど、やめられない！」』戸井十月（小学館文庫）
『芝居の神様』吉川潮（新潮社）
『パッチギ！的』李鳳宇（岩波書店）
『三島由紀夫映画論集成』山内由紀人編（ワイズ出版）
『小津安二郎周游』田中眞澄（文藝春秋）

【本文掲載写真データ】
「人生劇場　飛車角」発売中：2,800円（税抜）
「日本俠客伝」発売中：2,800円（税抜）
「青春の門」発売中：4,500円（税抜）
「仁義なき戦い」発売中：2,800円（税抜）
「トラック野郎　御意見無用」　発売中：2,800円（税抜）
「鬼龍院花子の生涯」発売中：2,800円（税抜）
「極道の妻たち」発売中：2,800円（税抜）
「楢山節考」発売中：2,800円（税抜）
※すべて発売元は東映ビデオ、販売元は東映。

日下部五朗（くさかべごろう）
1934年、岐阜県生まれ。早稲田大学を経て、'57年に東映入社。プロデューサーとして、「日本俠客伝」「緋牡丹博徒」「仁義なき戦い」「極道の妻たち」などを手がける。'83年、「楢山節考」でカンヌ国際映画祭パルムドールを、'85年の「花いちもんめ」で日本アカデミー賞最優秀作品賞を受賞。'78年に深作欣二監督と組んだ「柳生一族の陰謀」で自身最高の配給収入を上げる。主な著書に『シネマの極道』（新潮社）がある。

健《けん》さんと文太《ぶんた》 映画《えいが》プロデューサーの仕事論《しごとろん》

2015年12月20日初版1刷発行
2016年1月20日　2刷発行

著者 ― 日下部五朗
発行者 ― 駒井稔
装幀 ― アラン・チャン
印刷所 ― 堀内印刷
製本所 ― 榎本製本
発行所 ― 株式会社光文社
東京都文京区音羽1-16-6（〒112-8011）
http://www.kobunsha.com/
電話 ― 編集部03（5395）8289　書籍販売部03（5395）8116
業務部03（5395）8125
メール ― sinsyo@kobunsha.com

ISBN 978-4-334-03897-7

光文社新書

785
お経のひみつ
島田裕巳

お坊さんが読むお経には、仏教のエッセンスがつまっている。『般若心経』『法華経』など5つのお経を軸に、なんともふしぎで、じわじわおもしろい仏教の世界へ誘う新しい入門書。

978-4-334-03888-5

786
ケトン体が人類を救う
糖質制限でなぜ健康になるのか
宗田哲男

胎児や赤ちゃんは糖質制限していた！　著者による世界的発見を紹介しながら、糖尿病や肥満だけでなくがんや認知症にも有効なケトン体（脂肪を分解して生成）代謝生活を勧める。

978-4-334-03889-2

787
猫を助ける仕事
保護猫カフェ、猫付きシェアハウス
山本葉子　松村徹

猫の殺処分ゼロを目標に、ソーシャルビジネスの手法で猫の保護活動に取り組むNPO法人代表と、不動産研究の第一人者がコラボした、猫と人との共生を考える一冊。

978-4-334-03890-8

788
ローカル志向の時代
働き方、産業、経済を考えるヒント
松永桂子

都市、農村、フラット化、新たな自営、地域経営ｅｔｃ．いま、地域が面白いのはなぜか。これからの社会・経済を示唆する「小さな変化」を読み、個人と社会のあり方を考える。

978-4-334-03891-5

789
創造的脱力
かたい社会に変化をつくる、ゆるいコミュニケーション論
若新雄純

取締役が全員ニート「NEET株式会社」、課員は現役女子高生「鯖江市役所JK課」…実験的なプロジェクトの実態と当事者の肉声から、ゆるめるアプローチがうむ「新しい何か」を探る。

978-4-334-03892-2

790
遊ぶ力は生きる力
齋藤式「感育」おもちゃカタログ
齋藤孝
コミュ力、やり抜く力、機転力。この世の中は学力や成績よりずっと大切なことばかり。子育てに必要なポイントを、「遊び」を軸にわかりやすく解説します。最新おもちゃカタログ付き。
978-4-334-03893-9

791
誰でもできる ロビイング入門
社会を変える技術
明智カイト
弱者やマイノリティを守るために政治に働きかけること――「草の根ロビイング」の暗黙のルールと、様々な立場からロビイングに関わってきた人たちのテクニックを紹介・解説。
978-4-334-03894-6

792
白米が健康寿命を縮める
最新の医学研究でわかった口内細菌の恐怖
花田信弘
糖質をエサに口内から血管に侵入した菌が、全身で慢性炎症を起こしている！　脳梗塞、動脈硬化、がん、認知症etc.の原因となる歯原性菌血症を防ぐため栄養学と口腔ケアの見直しを説く。
978-4-334-03895-3

793
受験うつ
どう克服し、合格をつかむか
吉田たかよし
単なる不調やストレスを越え、うつ病になる受験生が増えている。発病のサイン、対策とは何か？　脳機能から考えたストレス管理法や効率的な勉強法も教える、全受験生必読の書。
978-4-334-03896-0

794
健さんと文太
映画プロデューサーの仕事論
日下部五朗
名優・高倉健と菅原文太とともに「任俠」「実録」の一時代を築いた稀代のプロデューサーが、二人の素顔と、企画術やヒットの極意など、あらゆるモノづくりに通底するヒントを公開。
978-4-334-03897-7